내 옆에는
왜 이상한 사람이 많을까?

WORAN ERKENNT MAN EIN ARSCHLOCH?

WORAN ERKENNT MAN EIN ARSCHLOCH?
Für jeden Quälgeist eine Lösung

by Monika Wittblum, Sandra Lüpkes
ⓒ 2013 by Wilhelm Heyne Verlag, a division of Verlagsgruppe Random House GmbH, Germany.

Korean Translation Copyright ⓒ 2014 by Dongyang Books
All rights reserved.

The Korean language edition published by arrangement with
Verlagsgruppe Random House GmbH, Germany through MOMO Agency, Seoul.

* * *

이 책의 한국어판 저작권은 모모 에이전시를 통해
Verlagsgruppe Random House GmbH사와 독점 계약한 동양북스에 있습니다.
저작권법에 의해 한국 내에서 보호받는 저작물이므로 무단전재와 무단복제를 금합니다.

내 옆에는 왜 이상한 사람이 많을까?

WORAN ERKENNT MAN EIN ARSCHLOCH?

모니카 비트블룸, 산드라 뤼프케스 지음 | 서유리 옮김

동양북스

인간은 도무지 '다른 사람의 관심' 없이는 살 수가 없는 존재이다.
그것이 우리의 딜레마를 만들어낸다.

 **차례**

머리말 · 8

1호선
내 주변엔 왜 이상한 사람이 많을까? · 11
일상을 망치는 진상들로부터 나를 지키는 법

2호선
남의 업적을 가로채는 사람 · 45
나르시시즘에 빠진 반사회적 인생관

8호선
159 · 까다로운 척하는 사람
열등감을 감추려는 위장된 까칠함

9호선
175 · 불평불만이 많은 사람
나만 옳고 나만 중요한 히스테리 증상

10호선
195 · 그때그때 인격이 달라지는 사람
권력 서열에 따라 행동을 달리하는 이중인격

11호선
215 · 거저먹으려는 사람
다른 사람의 호의를 이용하는 인격 장애

12호선
235 · 불행 바이러스를 퍼뜨리는 사람
부정적인 사고를 퍼뜨리는 습관적 회의론

뭐든지 아는 체하는 사람 · 61
자신이 돋보여야 하는 자기애성 인격 장애

화를 잘 내는 사람 · 77
불안을 분노로 표출하는 경계선 인격 장애

○ 3호선   ○ 4호선

○ 5호선

치근덕거리는 사람 · 101
상대방을 불편하게 만드는 거짓 연대

○ 6호선

거짓말을 일삼는 사람 · 121
현실을 부정하며 거짓말을 반복하는 인격 장애

○ 7호선

남의 성공을 시기하는 사람 · 139
자의식 부족이 낳은 공격적인 질투심

긍정을 강요하는 사람 · 253
뭐든지 별일 아닌 것으로 치부하는 긍정 과잉

나도 누군가에게는 이상한 사람? · 269
자가 진단 – 나의 인간관계 되돌아보기

○ 13호선   ○ 14호선

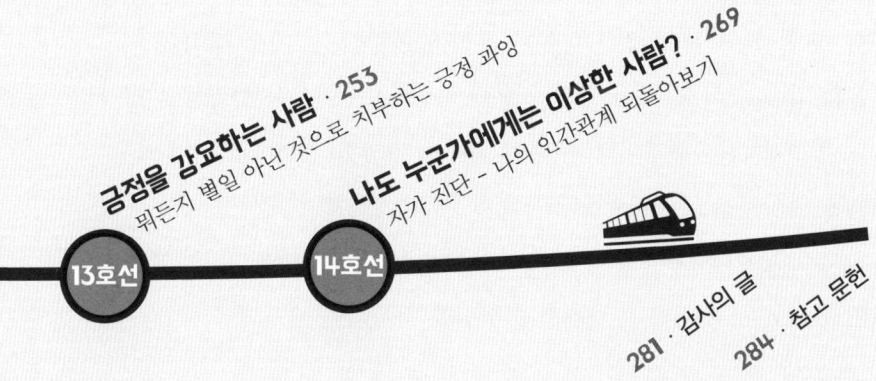

281 · 감사의 글

284 · 참고 문헌

머리말

세상엔
진짜 이상한 사람이 많아!

　인정한다. 우리가 정한 책의 제목보다 훨씬 더 매력적인 제목을 달고 있는 책들은 많다. 그럼에도 불구하고 당신은 이 책을 집어 들었다. 그것은 아마도 당신이 요즘 이상한 사람들 때문에 힘들어하고 있기 때문일 것이다. 어쩌면 이상한 사람이 단 한 명일 수도 있다. 하루를 완전히 망쳐버리기에는 단 한 명으로도 충분하니까.

　그래서 이제 당신은 그 불쾌한 인간에 대해 자세히 알아보고자 이 책을 읽어보려고 하고 있다. 그렇다면 조금 더 솔직해질 필요가 있다. 당신이 이 책을 고른 이유는 우리가 이 책을 쓰기로 결심한 이유와 같을 것이다. 우리 주변 곳곳에 숨어 있는 이상한 사람들은 절대 변하지 않기 때문이다. 따라서 우리는 가능한 한 빨리 그들의 존재를 알아차리고 대처법을 터득해야 한다. 그러기 위해서는 어쩔 수 없이 그들을 자세히 들여다보는 시간이 필요하다. 책을 다 읽는 동안 이상한 사람 때문에 불쾌했던 경험을 떠올려야 해 고통스러울 수도 있다. 이 책을 집필하면서 우리도 그와 같은 체험을 했다.

우리는 서로 다른 직업적인 관점(한 명은 문학, 한 명은 심리학)에서 이 주제에 접근했지만 처음부터 한 가지에는 일치했다. 그것은 다채로운 심리 유형을 갖고 있는 사람에 대한 호기심이었다. 겉으로 드러나는 모습은 그리 중요하지 않았다. 모두가 처음부터 자신의 진짜 얼굴을 드러내지는 않기 때문이다. 밝고 긍정적으로 보이던 사람이 알고 보면 어두운 성격의 소유자인 경우도 꽤 많았다.

하지만 만약 당신이 "역시 내가 예상했던 대로야. 우리 사장은 이상한 사람이 맞았어."라거나 "천만다행이야. 새로 사귄 여자 친구가 이상한 사람 유형에 속하지 않네."라고 말할 수 있는 기준을 이 책이 제시하길 기대한 것이라면 유감스럽게도 실망을 안겨줄 수밖에 없다. 어떤 경우에도 들어맞는 기준을 만드는 것은 그리 쉬운 일이 아니다. 또한 그렇게 간단히 구분하기에는 너무나 다양하고 재미있는 면들이 많다. 그래서 우리도 흥미롭게 접근해보려고 한다.

우선 처음에는 이상한 사람들의 공통적인 특징을 소개한다. 그리고 그들이 다른 사람들을 짜증 나게 하는 행동의 원인을 짚어본다.

본론에 들어가서는 이상한 사람의 12가지 유형을 살펴본다. 우리는 이 책을 쓰면서 수많은 친구들과 지인들로부터 이상한 사람 유형을 수집했는데, 당신도 이 책의 몇몇 사례에서 머리카락이 쭈뼛 서는 경험을 하게 될 것이다. 정말 불쾌하고 짜증 나는 인간들에 관한 얘기가 왠지 낯설지가 않기 때문이다.

그리고 백미는 마지막에 등장한다. 다른 사람의 흠만 잡을 게 아니라 자기 자신도 되돌아봐야 한다. 마지막에 등장하는 자가 진단을 통해 당신에게도 그런 이상한 사람 기질이 있는 건 아닌지 알아보도록 하자.

당신이 이제 이런 이상한 사람들의 빛나는 겉모습뿐 아니라 어두운 뒷모습까지 낱낱이 살펴보게 되면 구체적으로 어떤 일들이 벌어질까?

당신은 재미를 느끼게 될 수도 있다. 정말이다. 누군가 당신을 짜증 나게 해도 정말 즐거워할 수 있다. 불쾌감을 느끼면서 자기 자신과 이 세상에 대해 회의를 품었던 과거와는 달리 당신은 진짜 이상한 사람 전문가로서 새로운 입장을 취할 수 있다.

그냥 한 발짝 뒤로 물러서서 대상을 바라보고 분석하고 자기 자신이 처해 있는 상황을 새로 정립해볼 수도 있다. 그런 다음에 상황이 종료된 것으로 바라볼 수 있다. 이런 과정이 정말 순조롭게 잘 진행되면 당신은 어쩌면 그 이상한 사람에게 악수를 청하며 당신 자신에 대해 새로운 것을 알 수 있게 해줘서 고맙다고 말하고 싶어질지도 모른다.

그러니 이 책을 재미있게 읽어보기를 바란다. 그리고 재미있게 분석해보기를 바란다. 단언컨대 이상한 사람은 언제 어디서든 또 나타난다!

산드라 뤼프케스와 모니카 비트블룸

1호선

내 주변엔 왜 이상한 사람이 많을까?

일상을 망치는 진상들로부터
나를 지키는 법

"나만 빼고 다 너무 이상해!"

일단 사람들한테 원성을 사라.
그러면 사람들은 당신을
진지하게 받아들일 것이다.

— 콘라드 아데나워(Konrad Adenauer)

진짜 이상한 사람은 어떤 사람일까

어떤 사람이 '이상한 사람'일까? 진짜 이상한 사람과 마주하게 되면 당신은 저절로 알게 된다. 만나면 확실히 불쾌감을 느끼고 위축되고, 기분이 나쁘고, 짜증이 나고, 자신이 멍청하게 느껴지거나 속은 것 같고, 최악의 경우에는 이런 모든 감정들이 한꺼번에 밀려오게 만드는 사람이 있다.

회의 때마다 불평불만을 늘어놓는 직장 동료, 일주일에 한 번씩 배구 동호회에서 마주치는 성가신 여자 회원, 1년에 한두 번 가족모임에서 만나는 구두쇠 사촌, 또는 이따금 삶을 지옥으로 만드는 깐깐한 세무서 직원……. 이런 사람들과는 가능하면 만나고 싶지 않을 것이다.

흥미로운 사실은 똑같은 상대를 마주하고 있어도 어떤 사람은 아무렇지 않아하고, 어떤 사람은 혐오감에 치를 떨며 아주 끔찍해한다는 것이다. 도대체 어떻게 된 노릇일까? 어떤 사람들의 몸속에는 이상한 사람에 대한 면역 기능이라도 장착되어 있단 말인가?

만약 100명한테 진짜 이상한 사람들의 특징이 뭐냐고 질문한다면 아마도 100가지 다른 대답을 듣게 될 것이다. 어쩌면 그보다 두 배도 넘는 대답을 듣게 될지도 모른다. 생각하면 할수록 나쁜 성격의 특징들이 떠오르기 때문이다. 우리는 지난해, 기회가 있을 때마다 이를 주제로 여러 사람들과 대화를 나누었다. 사실 어떤 성격의 모임에서도 "당신에게 이상한 사람이란 어떤 사람인가요?"라는 질문은 잘 어울린다. 일단 이 질문을 던지면 모임을 갖는 내내 이야깃거리가 끊이지 않으리라 장담한다.

"저희 옆집에 사는 아저씨가 저한테 시도 때도 없이 주차 좀 잘 하라고 잔소리를 해대는데 진짜 미쳐버릴 것 같아요!"

이렇게 고통스러워하는 사람에게 우리는 "어떡해요! 정말 힘드시겠어요."라는 위로의 말을 전하곤 한다.

이상한 사람 중 잘난 척하는 유형의 인간은 정말 견디기가 힘들다. 또 가장 짜증을 유발하는 것은 다혈질 유형의 인간이다. 성급하고 인내력이 부족한 이들은 뚜렷한 이유도 없이 버럭 소리를 지르고, 다른 사람을 위축시키고 예측 불가능한 행동을 하기 때문이다. 그렇다고 그 반대 유형이 더 나은 것도 아니다. 웃는 얼굴로 좋은 게 좋은 거라며 모든 갈등을 흐지부지 덮어버리려는 사람도 재수 없기는 마찬가지다. 선택의 폭은 방대하다. 말하자면 누구에게나 재수 없다고 생각하는 인간 유형이 하나쯤은 있다. 이 책에서는 이상한 사람의 12가지 유형을 담았고 각 유형별로 분석했다.

당신은 어쩌면 이런 유형들에 대한 설명들을 읽다가 '이런 성격이 뭐 어떻다는 거지? 그냥 아무렇지 않게 웃어넘기면 되잖아. 옆집 아저씨가 올바른 주차법을 조언해주면 좋은 거 아냐?'라고 생각할지도 모른다. 그렇다면 누군가를 이상한 사람이라 분류하는 것도 이상한 행위가 아닐까? 왜 똑같은 일을 겪고도 어떤 사람은 견딜 수 없다고 말하고, 또 어떤 사람은 친절하다고 말하는 걸까? 사실 정답이란 없다. 그 옆집 아저씨는 이상한 사람일 수도 있고 아닐 수도 있다.

누군가 어떤 사람이 이상하다고 말했다고 해서 무조건 이상한 사람 유형이라고 단정 지을 수는 없다. 그렇게 말하는 사람이 어떤 사람인지도 꽤 중요하고 다른 여러 사람들의 의견도 들어봐야 하기 때문이다. 그러니 섣불리 어떤 사람이 이상한 사람이라고 낙인찍어버리면 안 된다. 어떤 사람에게는 진짜 이상한 사람일지라도 또 다른 사람에게는 꽤 괜찮은 사람일지도 모를 일이다.

이상한 사람이라 판단하는 기준은 지극히 주관적이다. 두 사람 사이의 문제인 것이다. 신호를 세상 밖으로 내보내는 송신기를 떠올려 보자. 그 신호를 받아들일지 여부, 그리고 어떤 주파수에서 받아들일지는 수신자의 파장에 달려 있다. 어떤 주파수에서는 음악이 흘러나오고 어떤 주파수에서는 나직한 소음이 나오고 또 어떤 주파수에서는 참기 힘든 굉음이 나온다.

사람들은 저마다 커뮤니케이션을 하면서 상대방의 말과 행동에 담긴 의미를 해석한다.

'저 사람은 왜 고개를 갸웃거리며 나를 쳐다볼까? 왜 나의 두툼한 뱃살에 대해 비아냥거리듯이 말하는 거야? 나는 도대체 어떻게 반응해야 하는 거지? 그냥 웃고 넘어가야 할까 아니면 신경전을 벌여야 할까? 한번 제대로 난리법석을 떨어볼까? 아니면 내가 오해한 걸까…….'

누구나 한 번쯤은 이런 생각을 해봤을 것이다. 그렇기 때문에 당신의 가장 친한 여자 친구가 당신이 보기에는 첫눈에도 역겨운 남자와 사랑에 빠질 수 있는 것이다. 그녀는 남녀 관계에는 으레 다툼이 따르기 마련이라 생각하고, 그 남자의 자신에 대한 병적인 질투심을 사랑의 증거로 여기고 좋아하기 때문이다.

또 다른 사례를 살펴보자. 당신과는 달리 담당 부서 부장의 독재적인 태도를 별 불평 없이 받아들이는 동료가 이상해 보였던 적이 있을 것이다. 당신의 동료는 아마도 상사가 자신에게 방향을 제시해 주고 열심히 일할 수 있도록 어느 정도 압박을 가하는 것으로 받아들이고 있을 것이다. 두 사람은 당신하고는 완전히 다른 주파수에서 서로 통하고 있는 셈이다.

따라서 우리가 여기서 이상한 사람에 대해 얘기하고, 다양한 유형을 나열하고 그들에게 대처하는 방법을 제시하는 것은 짜증스런 그 대상뿐 아니라 당신 자신과 관련된 일이기도 하다. 그들의 눈에는 바로 당신이 이상한 사람으로 보일 수도 있기 때문이다.

이상한 사람은 나쁜 사람일까

이상한 사람은 나쁜 사람이라는 등식은 성립하지 않는다. 극소수의 경우에만 그렇다. 심층심리학적인 관점에서 보면 그들이 이상하게 구는 데는 나름의 이유가 있기 때문이다.

하지만 이상한 사람들은 우리를 화나게 한다. 우리는 그들의 행동 때문에 너무 화가 난 나머지 그들을 '이상한 사람', '재수 없는 사람'이라 부르며 비난한다. 처음에는 비난하는 것만으로도 통쾌하다. 속에 있는 언짢은 감정의 찌꺼기를 다 배설했기 때문이다. 하지만 장기적으로 봤을 때 이런 식의 언어적 또는 비언어적 폭력이 우리 자신에게 도움이 될까? 전혀 그렇지 않다. 우리를 기분 나쁘게 했기 때문에 우리는 상대방이 나쁜 사람이라고 선언함으로써 반격한다. 하지만 유감스럽게도 관계는 지속된다. 우리가 한 번쯤 우리 생각을 분명히 말했다고 해서 올바른 주차법에 대한 옆집 아저씨의 연설이 사라질 리는 만무하다. 오히려 강도가 더 세질 위험이 크다.

우리는 이 책에서 조금 다르게 접근해보고자 한다. 선입견 없이 도식적 사고에서 벗어나 문제의 핵심을 다루고자 한다. 그것은 바로 우리 자신이 타인을 대하는 방식이다. 우리는 왜 특정한 행동 때문에 이성을 잃게 되는 걸까? 무엇이 우리를 그토록 화나게 하는 걸까? 우리가 이렇게 흥분하는 것은 이상한 사람 안에서 우리 자신의 모습을 발견했기 때문은 아닐까?

인류 역사상 많은 사람들이 무엇이 선이고 무엇이 악인지에 대해 머리를 쥐어뜯으며 고민해왔다. 종교 역시 마찬가지였다. 거의 모든 집단이 근본적인 기준에 대해서는 놀랍도록 비슷한 태도를 취한다. 살인, 도둑질, 사기, 간통, 폭력, 비양심, 시기, 무절제……. 어느 집단

이든 이런 것들은 부정적으로 평가한다. 하지만 늘 예외가 있기 마련이다. 바로 이런 예외가 선과 악에 대한 문제를 복잡하게 만든다.

예를 들어 살인은 끔찍한 일이다. 하지만 그렇게 해야만 여러 사람들의 목숨을 구할 수 있었다면 얘기가 조금 달라진다. 도둑질은 나쁜 짓이다. 하지만 가족이 굶어죽지 않기 위해서 부유한 농장주의 창고에서 밀가루 한 포대를 가져왔다면 얘기가 조금 달라진다. 다른 사람을 향한 무자비한 행위는 많은 피해를 야기한다. 하지만 파산 위기에 처한 회사의 회생 절차를 맡은 책임자가 장기근속자 몇 명을 해고한다면 얘기가 조금 달라진다.

그렇기 때문에 어떤 사람의 행동을 보고 그 사람이 정말 악의적인지, 아니면 통용되는 관습을 거스르는 행동을 하게 된 타당한 이유가 있었는지 판단하는 것은 그리 쉬운 일이 아니다. 이런 주제를 다룰 때마다 어느 정도의 모호함은 남게 마련이다. 선을 넘거나 법에 저촉되는 행위를 한 것은 엄연한 사실이다. 도둑질은 도둑질이고, 살인은 살인이며, 사기는 사기인 것이다. 하지만 우리가 이런 행동을 어떻게 평가하느냐는 적용되는 잣대나 법이 바뀌면 변할 수 있으며 정상참작이 될 수 있다.

우리가 누군가를 이상한 사람이라 규정하는 것은 사실 그 사람을 모욕하는 것과 같다. 이것은 예의 바르지 않은 행동임에 분명하다. 또한 우리도 그 이상한 사람과 마찬가지로 나쁜 행동을 한 셈이다. 하지만 우리에게는 충분히 그럴 만한 이유가 있다. 그렇게라도 하지 않으면 폭발해버릴 것처럼 힘들기 때문이다. 그런 우리에게 이상한 사람과 똑같은 사람으로 전락하지 않으면서도 화를 분출할 수 있는 전략이 있다면 얼마나 좋겠는가? 올바르게 행동하면서도 할 말은 충분히 할 수 있는 분출 장치가 있다면 얼마나 좋겠는가?

왜 이상한 사람들이 성공하는 걸까

흔히 인간은 이기적인 동물이라고들 한다. 누구나 자기 잇속부터 챙기려 들고, 자신의 유전자를 성공적으로 퍼트리고 싶어 하며, 가장 큰 고깃덩어리를 차지하려고 하고, 다른 사람들에게 권력을 행사하고 싶어 한다. 하지만 인간은 이기적인 동물이기 이전에 사회적인 동물이다. 인간은 세상의 위협으로부터 자신을 보호하려면 함께 모여서 집단을 형성해야 한다는 것을 일찌감치 깨달았다. 어떤 사람들은 사냥을 하러 가고, 다른 사람들은 식물을 채집하고 불을 지키고 아이들을 돌보고 물을 길어 온다. 모두가 자신이 할 수 있는 일을 맡아서 함으로써 공동체에 기여하고 그 보상으로 종족의 안전이 보장되는 것이다.

이런 상호 협력이 모두에게 동일하게 작용되려면 규칙을 어기는 사람에게는 벌을 내려야 한다. 이는 동물의 세계에서도 마찬가지다.

다른 새가 물고 있는 먹이를 가로채는 까마귀는 전혀 상관이 없는 제3의 새로부터 공격을 받아 앞으로 다시는 그런 행동을 하지 못하도록 제재를 받는다.[1]

취학 전 연령의 아이들도 다른 아이들의 장난감을 빼앗거나 머리카락을 잡아당기면 잘못된 행동에 대한 앙갚음으로 더 이상 생일 파티에 초대받지 못한다. 어린아이들도 짜증을 유발하는 사람과 자발적으로 만나고 싶어 하지는 않을 것이다. 정상적인 발달 단계를 거친 아이라면 자기가 놀이터에 늘 혼자 서 있고 다른 아이들이 자기한테는 초콜릿을 나눠주지 않는다는 사실을 깨달으면 언젠가는 자신의 행동을 바꾸게 된다. 아이는 인기 있는 아이들과 자신을 비교하고 그 아이들의 행동을 모방하려고 할 것이다. 이것이 정상적인 발달 과정으로 열한 살쯤 되면 완성된다.[2] 인간은 자신이 생각하는 도덕을 내면화해서 그에 맞게 행동하게 되는 것이다. 그러면 어떤 행동을 할 때마다 옳은 일인지 그른 일인지 고민하지 않아도 된다. 물론 자기의 생각을 관철시키기 위해서 다른 아이들을 위협해서 강제로 생일 파티 초대장을 손에 넣고 폭력을 행사해서 초콜릿을 빼앗는 아이들도 있다. 이렇게 하면 자신의 행동을 바꾸지 않고도 더 빨리 목적을 이룰 수 있다. 하지만 이런 아이들은 그들의 집단 내에서 점점 배제되어 왕따로 전락한다.

장기적으로 보면 자신이 소속된 집단의 규칙을 따르는 것이 유리하다. 성공하기 위해서는 이 전략을 써야 한다. 그 때문에 대부분의 사람들이 기본적으로 상식적이고 호의적이고 믿을 만한 것이다.

그럼에도 불구하고 우리는 늘 건강한 불신을 갖고 있다. 누가 생판 모르는 사람 손에 자기 집 열쇠를 쥐어주겠는가? 이런 신중함은 진화론적으로 타당성을 갖고 있다. 한편으로는 페어플레이를 무시하는 사람들로부터 우리를 지켜주고, 또 한편으로는 다른 사람들과 더 가까워져서 그들이 신뢰할 만한 사람인지 알아볼 수 있게 해준다. 우리는 다른 사람과 관계를 맺고 상대방으로부터 배우고 이득을 얻고 싶어 한다. 그런 와중에 누군가가 우리에게 이득이 되기보다는 해가 된다고 판단하면 우리는 그 사람을 피한다. '혼자서 잘해보라지.' 하는 마음이 생기는 것이다.

그런데 이상한 사람의 첫인상은 의외로 성공한 사람의 뉘앙스를 풍긴다. 잃게 되는 것은 안중에도 없이 승승장구하는 데만 몰두하기 때문일 것이다. 하지만 다시 자세히 들여다보면 모든 것이 허풍이나 과장, 거짓말로 채워져 있다는 것을 발견할 수 있다. 그러니 이상한 사람 중에는 외톨이가 많다. 이런 인간을 진심으로 참고 견뎌줄 수 있는 사람이 과연 있겠는가?

뇌 사진으로 이상한 사람인지 알아볼 수 있을까

뇌 과학에 따르면 우리 뇌에서 '양심의 가책'을 느끼는 부위는 뇌의 변연계라는 부분이다. 변연계에는 외부 자극에 대해 불안과 두려움을 느끼게 함으로써, 그 자극에 적절하게 대처하도록 하는 정보처리 시스템이 있다. 연구 결과에 따르면 중범죄자들이나 사이코패스는 이 부위의 활동이 현저히 떨어진다고 한다.[3] 변연계가 감정의 뇌라면 전두엽은 충동을 조절하고 이성적 판단을 주로 담당한다. 이 부위에 손상을 입거나 병으로 마비가 되면 이상할 정도로 냉정하게 행동하고 아주 위험한 행동을 감행하고 합리적인 결정을 내리지 못해 결국 사회적으로 아웃사이더가 되어버린다.[4]

우리 뇌 안에, 우리를 선하거나 악하게 만드는 일종의 스위치가 있는 것일까? 실제로 일부 뇌 과학자들은 대뇌의 회백질에 특정한 자극을 주어 훈련시키는 연구를 진행하고 있다.[5] 이렇게 해서 양심의 가책조차 느끼지 못하는 악한 사람이 선한 사마리아인이 될 수 있는지 없는지는 아직까지 증명된 바가 없다.

모든 뇌는 저마다의 독특한 구조와 구성을 갖고 있다. 아직까지 어떤 학문도 우리의 인격, 즉 우리가 이상한 사람의 성향을 갖고 있는지 아닌지를 단번에 보여주지는 못했다. 우리는 인간이 뇌가 조정하는 대로 움직이는 마리오네트 인형, 그 이상의 존재라고 생각한다. 인간성의 초석이 되는 공감, 소속감 그리고 신뢰감은 어릴 때 직접 경험해야만 배울 수 있는 것들이다. 그리고 그 누구도 태어날 때부터 이상한 사람은 아니었다.

그렇다면 약물치료나 외과 수술을 통해 이상한 사람을 괜찮은 사람으로 바꿀 수는 없을까? 유감스럽게도 우리는 그런 시도나 가능성에 대해서는 전혀 다루지 않는다.

걸핏하면 화를 내는 상사 또는 뻔뻔한 동호회 회장. 우리는 그들이 스스로를 지극히 정상이라 생각하고 자신이 변해야 할 이유를 전혀 모를 거라고 확신한다. 그런 이상한 사람이 계속 나타날지라도 좀 더 편안한 마음으로 세상을 살아가려면 우리 자신부터 마음을 다 잡아야 한다. 다행히도 이것은 메스 없이도 가능한 일이다.

우리 주변에 이상한 사람은 얼마나 될까

우리가 알기로 이런 통계는 지금껏 집계된 적이 없다. 이는 사실 지극히 주관적인 문제이기 때문에 그럴 것이다. 앞서 언급했듯이 이상한 사람에 대해 누구나 다른 잣대를 갖고 있기 마련이다.

그나마 유일하게 참고해볼 만한 자료는 사이코패스에 관한 논문이다. 그렇지만 모든 이상한 사람이 곧 사이코패스는 아니다. 사이코패스는 인간관계에 심한 장애가 있어서 극단적으로 위험해질 가능성이 있다. 이상한 사람과 사이코패스의 공통점은 있다. 둘 다 공감 능력이 부족하거나 완전히 결여되어 있으며, 죄의식이 전혀 없거나 미약하고, 거짓말을 잘하며 공격적이다.

캐나다의 유명한 범죄심리학자인 로버트 헤어(Robert D. Hare)는 사이코패스를 진단하는 체크리스트를 만들었다.[6] 그의 연구에 의하면 교도소에 수감 중인 중범죄자 중 약 4분의 1이 반사회적 성향을 갖고 있다. 또한 미국 남성 전체 인구 중 약 1%가 사이코패스라고 한다.

이런 비율을 독일, 오스트리아 그리고 스위스에 대략 적용해보면 독일어권에는 약 100만 명의 사이코패스가 살고 있다고 볼 수 있다. 사이코패스의 특징은 타인의 마음을 교묘히 조정하고, 감정이 없고, 공격적인 성향을 드러낸다는 것이다. 이들이 범죄자가 되는지 여부는 또 다른 요인, 가령 유년시절의 경험이나 지능 등에 달려 있다.

이상한 사람, 또는 이상한 사람처럼 행동하는 것 자체는 범죄가 아니다. 그렇기 때문에 짜증스럽고 불쾌한 인간들이 감옥에 있지 않고 우리 주변을 돌아다닐 수 있는 것이다. 직장 최고위층, 정치계 또는 스포트라이트를 많이 받는 언론계에는 유독 이상한 사람들이 많다. 솔직히 당신도 당신의 사장이 원래 이상한 성격이었는지 아니면 사장이라는 자리가 그렇게 만들었는지 생각해본 적이 있을 것이다.

경쟁이 치열한 시장에서 자신의 뜻을 밀고 나가기 위해서는 실제로 어느 정도의 뻔뻔함이 있어야 한다. 회사를 운영하는 사람이라면 어쩔 수 없이 해고나 임금 삭감 같은 어려운 결정들도 내려야 하는데, 그럴 때 당사자에게 감정이입하지 않으면 훨씬 단호한 결정을 내릴 수 있다. 보험사 직원은 아무리 절망에 빠져 있고 엄청난 피해를 입은 사람이 있더라도 규정에 적용되는 사안이 아니면 보험금 지급을 거절할 수 있어야 한다. 여배우는 자신의 재능을 발휘할 수 있는 모든 기회를 이용해야 한다. 친하게 지내는 다른 여배우의 주인공 역할을 빼앗게 된다 할지라도 말이다. 그렇다고 해서 이런 사람들을 감정이 없는 존재라고 할 수 있을까? 당연히 그렇지 않다. 하지만 책임감, 판단력 그리고 경쟁심은 감성이 풍부한 사람에게는 어울리지 않는 것들이다. 모두가 선망하는 사회적 지위에 오른 사람 중에 자기 자신만 중요하게 여기고 다른 사람들의 고통은 안중에도 없는 사람들이 많은 것은 어쩌면 지극히 정상적이다.

    사장 자리에 짜증 나는 인간이 앉아 있으면 장기적으로 회사에 이익보다는 손해가 크다는 주장은 상당히 흥미롭다. 견디기 힘든 상사 밑에서 일해본 사람이라면 누구나 이런 주장에 곧장 동의할 것이다. 한 번 핀잔을 들은 것을 극복하기 위해서는 적어도 다섯 번의 성공 경험이 있어야 한다는 심리 실험 결과도 있다.[7] 어떤 직원을 지나치게 짓밟으면 그의 직무 능력에 나쁜 영향을 미칠 수 있다. 부정적인 감정을 추스르고 추락한 의욕을 다시 끌어올리는 데는 오랜 시간이 걸리기 때문이다. 이상하게 구는 꼴불견 상사는 직장 내 긍정적인 에너지를 갉아먹는다. 그래서 최근에는 상당수의 회사가 분위기를

흐리는 이상한 사람의 수를 줄이는 시스템을 도입하는 추세이다.[8]

전형적인 이상한 사람은 남자일까 여자일까

이상한 사람의 남녀 비율이 어떤지는 정확하게 알 수 없다. 단 앞서 언급한 사이코패스 진단 체크리스트는 남성을 대상으로 만들어진 것이기 때문에 여성에게 그대로 적용할 수는 없다. 비윤리적인 범죄 행위는 성별에 따라 뚜렷한 차이를 보이기 때문이다. 예를 들어 여자들은 자신의 악랄한 성격을 겉으로 드러내지 않는 데 능숙하다. 여자들은 대개가 상대방 앞에서는 미소를 지어 보이면서 뒤에서는 공격한다. 이런 이중성은 다른 사람의 입장이 되어 생각할 수 있는 여성의 능력 때문이다. 또 여자들은 많은 감정을 비언어적 소통을 통해 표현한다. 반면에 남자들은 적개심을 숨기지 않는다. 누가 주도권을 쥐고 있는지 처음부터 확실하게 하는 것을 좋아하므로 굳이 그럴 필요가 없는 것이다.

또 남자와 여자가 공격을 가하는 동기도 근본적으로 다르다. 범죄학적 가설은 다음과 같다. 남자는 뭔가를 빼앗기지 않으려고 살인을 한다. 반면에 여자는 무언가로부터 벗어나려고 혹은 자신이나 아이들을 보호하려고 살인을 한다.

경찰의 범죄 통계[9]를 살펴보면 성별에 따라 범죄율의 차이가 분명하다. 여성 범죄 용의자의 수는 25% 정도로 남성의 그것보다 현저히 낮다. 그 밖에 형사소송에서 유죄 선고를 받는 여성 비율은 5분의 1에 불과하며, 독일에서 교도소 수감자의 대부분, 즉 95%가 남성이다. 범죄 유형도 남성과 여성 간에 현저한 차이를 보인다. 여자들은 주로 사기나 절도 혐의인 반면 남자들은 신체 상해, 약물법 위반 또는 기물 파손 혐의이다.

'직업 범죄자'가 되는 것은 주로 남자들이다. 남자들이 주로 반사회적, 가학적 또는 사이코패스적인 특징을 보인다. 남성호르몬인 테스토스테론 수치와 전형적인 범죄로 발전할 수 있는 요인이 되는 공격성, 영역 다툼 그리고 권력 과시 성향과의 연관성은 과학적으로 입증이 되었다.[10]

오해를 방지하기 위해 여기서 분명히 짚고 넘어가고 싶다. 이런 통계는 남자들이 더 나쁜 사람들이라는 뜻이 아니다. 단지 그들이 충동적이고 폭력적인 특성을 갖고 있어 범죄자가 될 확률이 높다는 것을 보여줄 뿐이다. 이에 반해 여자들은 다른 방식으로 감정을 표출한다. 그들은 인간관계 때문에 격분하는 일이 잦으며, 간교나 술책으로 다른 사람에게 피해를 입힌다.

병리학적 관점 : 정상이란 대체 뭘까

우리는 이 책에서 일단 우리가 일상생활에서 마주치게 되는 지극히 정상적인 이상한 사람들을 다루어보려고 한다. 직장 동료, 친구 또는 가족들 중에 만나고 나면 매번 짜증이 나고 불쾌감이 드는 그런 사람들 말이다.

어쩌다가 날씨가 안 좋거나 주가가 폭락했다거나 부부 싸움을 했기 때문에 그런 것이 아니다. 특수한 상황에서는 누구나, 정말 누구나 잠시나마 짜증을 유발하는 인간이 될 수 있다. 이런 건 얼마든지 용납할 수 있는 일로 굳이 언급할 필요가 없다.

하지만 우리는 여기서 지속적으로 이상한 사람들, 즉 햇살이 쨍쨍하고 하늘이 파란 날에도 특별한 이유 없이 타인에게 해를 끼치는 사람들을 다뤄보려고 한다.

이런 사람들은 대체 왜 그러는 것일까?

우리가 여기서 '악질적으로 이상한 사람'이라고 지칭하는 사람은 우리와 교류가 있는 사람으로서, 우리에게 특정한 부정적인 영향을 미치는 사람을 말한다. 분석적 또는 치료적인 입장에서 봤을 때 어떤 사람을 특정한 틀에 가둬놓는 것은 물론 옳지 않다. 낙인을 찍어버리면 그 사람의 긍정적인 측면을 관찰할 기회조차 사라지기 때문이다.

우리는 아무렇지 않게 이상한 사람들은 모두 나르시시스트라고, 자기 자신을 최우선시하는 자아도취에 빠진 사람이라고 주장할 수도 있을 것이다. 물론 누구에게나 정도의 차이는 있을지언정 나르시시스트적인 면이 있다. 하지만 그렇다고 해서 모든 사람이 이상한 사람이라고 할 수는 없을 것이다.

과도한 나르시시즘은 단지 여러 인격 장애 중 하나일 뿐이다. 우리는 이미 미디어를 통해, 경계선 인격 장애 같은 용어를 들어본 적이 있다. 또 일상생활에서 반사회적 태도라는 말을 곧잘 사용한다.

한 사람의 성격을 평가할 때 우리는 그의 행동 패턴, 자신과 주위 사람에 대한 인식 패턴, 그리고 사람들에게 반응하는 행동 방식 등을 기준으로 삼는다. 적극적인지 소극적인지, 능동적인지 수동적인지, 믿음직스러운지 탐탁지 않은지 등등의 성격은 타고난 것이기도 하고 경험을 통해 형성된 것이기도 하다. 성격 즉 사람의 인격은 이렇듯 여러 요소가 합쳐져서 완성되기 때문에 이 세상에 100% 똑같은 사람은 존재하지 않는다.

그런데 무엇이 잘못되었길래 인격 장애라는 말까지 나오게 되는 것일까? 병적인 인격 장애는 국제질병분류표 ICD-10(International Classification of Diseases, 10th Version)에는 다음과 같이 정의되어 있다.

'인격 장애를 가진 사람들은 사회가 그들에게 기대하는 행동과는 근본적으로 다르게 행동한다. 그들은 제한된 영역에서뿐만 아니라 여러 영역에 걸쳐서 부끄러운 행동을 서슴지 않는다.'

그러나 사실 어디부터 어디까지를 '정상'이라고 정의하기는 힘들다. 이에 대해 심리학자 안드레아스 마르네로스(Andreas Marneros)는 "흥분할 경우 평범한 사람과 범죄자 사이에는 우리가 생각하는 것만큼 큰 차이는 없다."고 말한다.

사회적 규범으로부터 이탈한 병적인 인격 장애

병적인 인격 장애를 앓는 사람의 경우 사회적 규범에서 한참 벗어나 있다. 그들은 융통성이 없고 부적절한 태도로 일관한다. 게다가 자신이 소외되었다고 고통스러워하면서 그 이유를 타인이나 안 좋은 상황 탓으로 돌린다.

인격 장애 증세는 일시적이지 않고 꽤 오래 지속된다. 이들의 이상한 행동은 대부분 이미 어렸을 때 또는 늦어도 성년 초기에 눈에 띈다. 이는 성년이 되어 생긴 정신적인 장애 또는 그 결과로 생긴 것이 아니다. 예를 들어 불안 장애나 우울증 때문에 생기는 후유증이 아니다. 물론 반대의 경우는 있을 수 있다. 인격 장애가 심리적인 질병으로 발전할 수 있고 증상이 본래의 원인과 겹칠 수도 있다. 기질성 질환, 뇌의 부상이나 뚜렷한 뇌 기능장애도 원인으로 보기 힘들다. DSM-IV[11]라는 또 다른 진단분류체계는 정신장애를 영역별로 구분하고 이를 다시 여러 그룹으로 분류한다. 우리는 이 중 상황에 어울리지 않게 과장되게 행동하고, 감정적이고 또는 감정의 기복이 심한 인격 장애에 관심을 가졌다.

여기서 미리 분명하게 밝히고 싶다. 우리는 이런 장애를 갖고 있는 사람들이 곧 이상한 사람이라고 주장하지는 않는다. 이들이 비록 우리의 삶을 힘들게 할지라도 오히려 우리는 그들에게 공감할 필요가 있다. 하지만 우리가 다음 장에서부터 다루게 될 이상한 사람들은 때때로 바로 이와 유사한 인격 구조를 보이는데 경우에 따라서는 아주 병적일 수도 있다.

경계선 인격 장애

극단적으로 충동적, 즉흥적이고 감정의 기복이 심하다. 이로 인해 근본적으로 모든 관계가 불안정해진다. 경계선 인격 장애가 있는 사람들에게는 오직 극단적인 것만 존재한다. 사랑 아니면 증오, 선 아니면 악, 친구 아니면 적. 자신에 대해 갖는 자아상조차도 '내가 제일 잘났어.'와 '나는 아무 짝에도 쓸모없는 사람이야.' 사이에서 오락가락한다.

아침에 누군가에, 또는 무엇인가에 감탄하다가도 저녁이 되면 그 누군가를 또는 그 무엇을 경멸한다. 경계선 인격 장애가 있는 사람에게 '중간'이란 없다. 흑 아니면 백, 모 아니면 도밖에 모르기 때문이다.

이런 강렬한 삶의 태도 때문에 경계선 인격 장애가 있는 사람들은 종종 카리스마 있어 보이기도 한다. 그들의 '전부 아니면 아무것도 아닌 것'으로 치부하는 태도는 다른 사람들을 도발한다. 이들의 인간관계는 주로 격렬한 다툼과 비굴한 화해로 이루어진다.

경계선 인격 장애가 있는 사람들은 대인 관계가 불안정하고 자아상도 불분명하며 감정의 기복이 심하다. 또 충동적이고 어떤 행동을 할지 예측이 불가능하다는 것이 특징이다.

독일 인구의 약 2%, 즉 약 160만 명 정도가 경계선 인격 장애를 앓고 있다. 그중 75%가 여성이다.

히스테리성 인격 장애(=연극성 인격 장애)

'이 세상은 오직 나를 중심으로 돌아가야 해!'

이런 확신이 히스테리성 인격 장애가 있는 사람들의 행동을 지배한다. 이들은 마치 무대 위에 있는 것처럼 움직이며 모든 사람들의 관심 또는 동정심을 끌어내고 싶어 한다. 자신의 감정을 과장하여 배우처럼 표현한다. 사소한 일을 극적으로 과장해서 말하기를 좋아하며 피상적인 관계를 아주 진한 우정으로 둔갑시키기도 한다.

이들은 늘 다른 사람에게 주목받고 사랑받고 인정받고 싶어 한다. 그러기 위해서 신체적인 매력을 이용하기도 한다. 하지만 너무 지나치게 과장하는 경우가 많다. 예를 들어 요란한 화장을 한다거나 튀거나 야한 옷을 입는다거나 성가시게 한다거나 해서 의도와는 전혀 다르게 오히려 거절당하는 일도 많다.

히스테리성 인격 장애가 있는 사람들은 외향적이고 자기중심적이며 과장과 연극을 즐겨 하고 어디서든 주목받고 싶어 하는 특징을 갖고 있다.

전체 인구의 약 2~3% 정도가 이런 히스테리성 인격 장애를 갖고 있다. 남성과 여성의 비율은 비슷하다.

자기애성 인격 장애

자기애성 인격 장애가 있는 나르시시스트들은 이 세상이 자기를 중심으로 돌고 있다고 생각하지 않는다. 아예 자기 자신이 곧 온 세상이라고 확신하는 사람들이다. 주위를 둘러싸고 있는 모든 것은 오직 자신의 자아(ego)를 위해 존재한다고 생각하는 사람들이 바로 이 부류이다. 이들은 주위 사람들이 자신을 우러러보고 이야기를 들어 주고 요구를 충족시켜 주기를 바란다. 타인의 존재 이유는 그 이상도 그 이하도 아니다. 이들은 상대방의 감정을 읽을 수 없는 것이 아니라 오히려 정반대로 너무나 잘 알고 있다. 특히 상대방의 아픈 점을 너무나 잘 알고 있어서 그 부분을 일부러 건드린다. 그리고 상처를 내고 그 부위를 후벼 파서 그를 약하게 만든다. 그러고는 자신의 감정과 의도를 그에게 강요한다. 이를 심리학 용어로는 '확장된 자아'[12] 라고 한다. 나르시시스트들은 이를 통해 권력을 획득하고 전제적인 자아상을 높인다. 또 이런 야심찬 목표에 방해되는 사람은 반드시 제거해야 할 적으로 간주한다.

자기애성 인격 장애가 있는 사람들은 자기 자신만을 중요하게 생각한다. 오로지 자신만이 특별 대우를 받아야 한다고 생각하고 허영심이 강하며 자신에 대한 비판을 용납하지 않는다. 그들은 내적인 허전함을 과장된 자아상으로 보상받으려고 한다. 전체 인구 중 1% 이하이며 이 중 75%가 남자다.

반사회적 인격 장애

반사회적 인격 장애가 있는 사람에게는 수세기에 걸쳐 일구어온 인류의 공존은 아무런 의미가 없다. 규칙? 법? 이런 것은 패배자들이나 지키는 것이다. 이들은 다른 사람들이 어떻게 생각하든 신경 쓰지 않는다. 타인에게 피해를 주는지 여부에도 관심이 없고 그들에게 잘 보이려고 하지도 않는다. 이들은 손에 넣고 싶은 것이 있으면 수단과 방법을 가리지 않는다. 거짓말을 하고 착취를 해서라도 갖고 싶은 것을 갖는 것이 이들의 목표다. 그 목표를 달성하기 위해서 폭력을 써야 할지라도 주저하지 않는다. 이들에게 사회적 규범은 무가치한 것이고 후회라는 단어는 사전에 없으며, 공감과 사랑이라는 단어는 비웃음의 대상일 뿐이다. 이런 특징들이 워낙 자기 파괴적이기 때문에 이들이 사회적으로 성공하는 경우는 드물다. 그래서 이들은 언젠가는 사회의 언저리로 밀려나거나 건강이 악화되거나 최악의 경우에는 결국 감옥에 가기도 한다.

반사회적 인격 장애가 있는 사람은 무책임하고 냉소적이며 모험을 즐긴다. 또한 충동적이고 죄의식이 희박하다. 이들은 타인의 마음에 공감하는 능력이 없다. 이들이 이렇게까지 된 데에는 사실 사회적 책임이 크다. 이런 유형의 사람들을 조사해보면 사람과의 관계에서 긍정적인 피드백을 받은 경험이 매우 희박하기 때문이다. 전체 인구 중 약 3%가 반사회적 인격 장애를 갖고 있으며 그중 75%가 남자다.

자신에 대해서 모르는 사람들

불행은 홀로 오지 않는다는 말이 있듯이 어떤 특정한 인격 장애만 가진 경우는 거의 없다. 한 가지 인격 장애를 갖고 있는 사람은 다른 여러 가지 인격 장애의 특징들도 갖고 있는 경우가 다반사이다. 함부르크 아스클레피오스 병원의 인격 장애 담당 전문의인 비르거 둘츠(Birger Dulz)는 단 한 가지 인격 장애 증세만 보이는 사람은 거의 없다는 사실에 점점 더 확신을 갖게 된다고 말한 바 있다. 그는 또 경계선 인격 장애, 자기애성 인격 장애, 반사회적 인격 장애가 있는 사람들 사이에 유사한 행동 패턴이 있으며 다른 많은 공통점도 있다고 주장한다.[13]

특히 반사회적 인격 장애가 있는 사람들은 다른 인격 장애의 특성을 내포하고 있다. 이들은 변덕스럽고 충동적이고 예측 불가능하다는 점에서 경계선 인격 장애의 특징을 보이며 거짓말을 즐기고 허영심이 있으며 비판을 허용하지 않는다는 점에서는 자기애성 인격 장애의 특성을 고스란히 안고 있다.

주위에 늘 사람들을 몰고 다니는 꼴불견들도 있고 홀로 살아가는 괴짜들도 있다. 어떤 사람들은 진짜 나쁜 사람이라는 걸 들키기도 하지만 또 다른 어떤 사람들은 아주 매력적인 사람으로 자기를 포장하는 데 성공하기도 한다. 어떤 사람들은 늘 불쾌하고, 어떤 사람은 도무지 믿을 수가 없다. 어제는 나에게 키스해줬던 사람이 갑자기 오늘은 불같이 화를 내기도 하기 때문이다.

그런데 많은 종류의 이상한 사람들에게는 한 가지 공통점이 있었으니 그것은 바로 자기 자신을 객관적으로 바라볼 줄 아는 직관이 없다는 사실이다. 그들은 있는 그대로의 자기 자신을 받아들이지 못한다. 그러다 보니 실제 자신이 어떤 사람인지를 파악하지 못한다. 이런 상태에서 사람들을 대하고, 사회적으로 성공하려고 애를 쓰다 보니 많은 문제가 발생하는 것이다.

과연 왜곡된 자아상밖에 없어서 아무것도 볼 수 없는 이런 이상한 사람들에게 뭔가를 기대한다는 게 가당키나 한 일인가? 현실적으로 자기 자신에 대해 완전히 눈이 멀어 있는 사람과 어떤 대화를 해야 한다는 말인가? 또 이들이 이런 왜곡된 자아상을 갖게 된 이유는 과연 무엇이란 말인가?

여기에는 다양한 원인이 있을 수 있다. 어쩌면 유년시절에 관심을 받지 못했거나 너무 과도한 관심을 받아서 어른이 되어가면서 진짜 자의식을 발전시킬 기회가 없었을지도 모른다. 방치, 횡포, 폭력 또는 부모의 지나치게 높은 기대 때문에 존중받는 느낌을 받지 못했을 지도 모른다.

사실 아이들은 부모가 자신에게 무조건적인 사랑이 아닌 조건적인 사랑을 줄 때, 이를 일찌감치 깨닫는다. 이때부터 아이는 자신이 부모의 욕구를 채워주는 도구에 불과하다는 사실을 몸으로 체득한다. 그리고 자신이 살기 위해서는 그 욕구를 채워줘야 한다는 것을 학습한다. 그렇게 자라난 아이는 공허한 자아를 채우기 위해 이상한 행동 패턴을 하게 되는 것이다. 본래는 동정을 받아야 하는 사람들이 언제부터인가 이상한 사람이 되는 것이다. 이들이 이상한 사람이 되는 것은 사실 스스로를 보호하기 위해서이다.[14] 다시 말해 배우자, 친구, 동료, 가족 구성원, 동호회원 그리고 이웃 등등 자신을 둘러싼 사람들로부터 진정한 자아를 인정받고 싶어 하는 것이다. 그런데 의도대로 되지 않으니 그들을 통제하거나 괴롭히거나 압박하게 된다. 그들은 상대방이 자신을 위대하고 권력 있고 재능 있고 사랑스럽다는 것을 알아주면 그걸로 만족한다.

그렇다고 해서 모든 걸 다 안 좋은 성장 과정 탓으로 돌리려는 것은 아니다. 매일매일 우리의 인생을 지옥으로 만들어버리는 상사도 알고 보면 그저 불쌍한 사람일 뿐이니 피도 눈물도 없는 사람이 아니라면 그냥 이해하고 넘어가라는 식의 해법을 제시하려는 것도 아니다.

물론 이해심을 발휘하는 것도 나쁘지는 않을 것이다. 그런데 어떤 사람이 왜 그런지 그 이유를 이해하게 되면 그 사람을 대하는 것이 한결 수월해진다. 그렇다고 당신이 관대한 모드로 전환할 필요는 없다. 우리의 목표는 당신에게 이런 성가신 사람들에게 어떻게 대응해야 하는지를 제시하는 것이다. 똑같은 방식으로 그들에게 복수하지 않고도 현명하게 대처하는 방법을 알려주는 것이다.

재수 없는 옆집 아저씨가 어렸을 때 어머니로부터 충분한 사랑을 받지 못했건 말건 그것은 당신이 알 바가 아니다. 하지만 그 옆집 아저씨는 다르다. 그는 그렇게 행동함으로써 관심을 받고 싶을 뿐이다. 당신이 자신을 매우 중요하며 능력 있는 사람이라고 인정해주기를 바라는 것이다. 스스로가 자아에게 만족할 수 없기 때문이다. 만약 당신이 옆집 아저씨를 불쌍히 여겨서 오늘부터 운전 교본에라도 오를 만큼 반듯한 주차를 하기 위해 노력한다 해도 그는 변하지 않을 것이다. 이것이 바로 우리가 이 책에서 다루게 될 내용의 단초이다. 우리는 자신의 자아상을 높이기 위해 다른 사람을 이용하는 그런 사람들을 동정하고 싶지 않다. 하지만 우리는 그런 사람들에게 최종적인 낙인을 찍지도 않을 것이다. 물론 '전형적인' 이상한 사람들도 있다. 하지만 어떤 이상한 사람도 모든 특징에 완벽하게 들어맞지는 않는다. 그들 모두는 제각각 특별한 사연과 개성을 갖고 있다.

또 우리는 당신이 이처럼 불편한 사람들을 어떻게 하면 피할 수 있는지를 알려주려는 것이 아니다. 피하기보다는 이들에게 잘 대응하고 공존할 수 있는 길을 제시하고 싶을 뿐이다. 그리고 그러기 위해서는 그들의 과거와 현재를 정확히 파악해야 한다.

앞서 언급한 인격 장애가 있는 사람들의 특성 중 하나는 정작 자신들은 그다지 고통스러워하지 않는다는 사실이다. 그들은 자신들이 치료를 받아야 한다거나 동정을 받아야 하는 존재라고는 생각조차 하지 않는다. 오래전부터 농담처럼 회자되는 이야기가 생각나지 않은가? 어떤 남성 운전자가 고속도로를 달리고 있는데 라디오에서 고속도로에 역주행하는 차가 한 대 있으니 조심하라는 뉴스가 흘러나온다. 그러자 그 남자는 고개를 갸우뚱하며 이렇게 말한다.

"한 대라고? 수백 대는 되겠다!"

이 남자처럼 인격 장애가 있는 사람들은 자신의 이상한 성격 때문에 주변 사람들이 모두 떠나면 다음과 같은 독백을 외칠 것이다.

"도대체 왜 이놈의 세상에는 이상한 사람들밖에 없는 거야!"

경계선 인격 장애, 자기애성 인격 장애 그리고 반사회적 인격 장애가 있는 사람들은 자기 자신에게는 아무런 문제가 없다고 생각한다. 그만큼 이들은 자신에 대해 왜곡된 자아상을 갖고 있다. 그리고 이 점 때문에 더욱더 사람들과 교류할 수 없게 된다. 사람들은 이들이 결코 변하지 않을 거라고 생각하기 때문에 결국에는 곁을 떠나게 된다.

병리학적 심리학을 잠깐 들여다봤으니 이제 다시 우리가 주변에서 만나게 되는 이상한 사람들의 문제로 돌아가보자.

당신이 어떤 이상한 사람 때문에 괴롭다면 일단 자기 자신부터 되돌아보고, 왜 그 사람 때문에 그렇게 짜증이 나는지 곰곰이 생각해봐야 한다. 어떤 이상한 사람을 해치울 수 있는 유일한 방법은 자기 안에 있다. 상대가 어떤 사람인지 정확하게 간파한 후 그에 맞게 자신을 무장해야 한다. 그러기 위해서는 상대의 부적절한 행동이 당신에게 불러일으키는 감정을 좀 더 자세히 들여다봐야 한다. 앞으로 여러 가지 사례를 들어 이 부분을 살펴볼 것이다.

우리는 당신이 어떤 구체적인 상황에서 어떤 '혼합된 인격'을 가진 사람을 상대하고 있는지 신속하고 가능한 한 정확하게 판단할 수 있도록 도움을 주고, 그 사람이 왜 당신에게 불쾌하게 구는지 파악할 수 있도록 하려는 것이다. 그리고 더 중요한 것은 당신이 앞으로도 그런 상황에 의연하게 대처할 수 있도록 실질적인 대응법을 제시하는 것이다.

이상한 사람에 어떻게 대처해야 할까

최근 몇 달간 누군가 우리에게 요즘 뭐 하고 지내냐고 물으면 이렇게 답했다.

"우리는 이상한 사람의 유형을 수집하고 있어요."

우리의 대답이 어쩌면 상당히 엽기적으로 들렸을지도 모르지만 좀 더 자세히 설명하자면 우리는 이상한 사람과 겪었던 일을 우리에게 기꺼이 들려줄 사람들을 찾아다녔다. 이렇게 하다 보니 우리가 미처 생각하지도 못했던 이상한 사람의 유형과 맞닥뜨리게 되었다. 이제 우리는 왜 그런지 그 이유를 어느 정도 알게 되었다. 어떤 이상한 사람 유형에 대해서는 이미 면역이 되어 있어 우리 내부의 수신기가 작동하지 않았지만, 또 어떤 이상한 사람 유형에 대해서는 면역이 되어 있지 않아 만나자마자 경고음이 울렸다.

놀랍게도 누구나 이상한 사람과 관련된 최소한 한 가지 이상의 이야기를 알고 있었다. 심지어 사회적으로 성공하고 자의식이 강하고 유쾌한 성격의 사람들조차도 어떤 이상한 사람 때문에 하루를 망친 경험을 갖고 있었다.

"아 네, 불현듯 떠오르는 에피소드가 있네요. 그때 제가 몹시 흥분을 했었죠. 그러니까 지난주에 말이죠……."

우리는 귀를 쫑긋 세우고 사람들의 얘기에 귀 기울이고, 받아 적고, 분석했다. 그리하여 마침내 우리는 그중 12가지 유형을 엄선해서 이 책에서 아주 상세하게 다루고 있다.

- 남의 업적을 가로채는 사람
- 뭐든지 아는 체하는 사람
- 화를 잘 내는 사람
- 치근덕거리는 사람
- 거짓말을 일삼는 사람
- 남의 성공을 시기하는 사람
- 까다로운 척하는 사람

- 불평불만이 많은 사람
- 그때그때 인격이 달라지는 사람
- 거저먹으려는 사람
- 불행 바이러스를 퍼뜨리는 사람
- 긍정을 강요하는 사람

어떤 유형들은 얼핏 보기에는 상당히 비슷해 보일 수도 있다. 하지만 자세히 들여다보면 각각 동기 또는 특징이 다르다.

가장 좋은 예가 남의 업적을 가로채는 사람과 거저먹으려는 사람이다. 둘 다 근본적으로는 같다. 자신의 것이 아닌 것을 탐하고 자기 것으로 만들려고 한다. 하지만 남의 업적을 가로채는 사람은 남모르게 행동을 개시해서 자신이 원하는 것을 손에 넣는 반면 거저먹으려는 사람의 접근법은 조금 다르다. 거저먹으려는 사람은 당신을 현혹하고 설득해서 그들이 원하는 것을 마치 당신이 자발적으로 내놓은 것처럼 느끼게 만든다. 두 유형 모두 당신의 것을 빼앗는다는 점에서는 같지만 당신이 화가 나는 이유는 조금 다르다.

어떤 경우에는 문제를 제기하는 것이 좋고, 또 어떤 경우에는 그렇게 해봤자 소용이 없기 때문에 그저 피하는 것이 상책이기도 하다.

어떤 경우에는 비폭력적인 의사소통의 원칙을 동원해야 하고, 또 어떤 경우에는 당신만의 무기로 반격을 해야 한다. 우리는 이런 불쾌한 인간들을 피해서 살아갈 수가 없다. 이상한 사람 질량 보존의 법칙, 즉 이 세상 어디를 가든 이런 사람 한둘쯤은 만나게 되기 때문이다. 그러니 우리는 이런 사람들을 잘 다루는 방법을 배워야 한다. 그래야만 이런 딜레마 속에서도 손해 보지 않고, 강해질 수 있기 때문이다.

2호선

남의 업적을 가로채는 사람

나르시시즘에 빠진 반사회적 인생관

"내 밥그릇 지키려면 어쩔 수 없잖아!"

알다시피 왕도 강탈을 일삼지 않는가.
왕이 직접 가져올 수 없는 것은
곰과 여우를 시켜서 가져오게 하고
그것을 당연하게 여기지.
하지만 그에게 진실을 말할
용기가 있는 사람은
아무도 없네.
악한 짓이지만 고해신부도 부사제도 침묵하네.
도대체 왜?

— 괴테, 『여우 라이네케』의 여덟 번째 시가

한 고속 승진자의 비결

A연구소의 주간 회의가 있는 날, 레드레프젠은 직원들 사이에 조용히 앉아 다른 사람의 말을 경청하면서 열심히 메모만 하고 있다. 그는 조용한 직원으로 일주일에 한 번 있는 회의에서도 거의 말을 하지 않는다.

첫 번째로 부퍼만이 팀원들과 함께 진행한 연구 결과를 발표한다. 700명이 실험에 참여했으며, 무려 18개월이나 걸렸다. 그는 연구소가 효율적으로 사용할 수 있는 결과를 도출해낸 것에 뿌듯해하며 발표를 마쳤다.

발표가 끝나자 레드레프젠만 제외하고 모두 박수를 친다. 그는 계속 메모만 한다.

그다음으로 쉥크의 발표가 이어졌다. 그는 최근 지원금을 신청했다가 서류상 오류를 범해 신청이 반려된 적이 있었다. 자신은 비록 운이 좋지 않았지만 자신이 실수를 통해 배운 내용을 다른 직원들과 공유하기 위해 신청 시 놓치지 말아야 할 것을 정리해 연구원들에게 나눠주었다. 그러면서 다음 달에는 원하던 지원금을 받을 수 있도록 행운을 빌어달라고 당부했다.

가장 먼저 자료를 챙긴 것은 레드레프젠이었다.

회의는 계속 이어졌다. 동료들은 주간 회의를 중요하게 여겼다.

동료들 간에 정보를 교류함으로써 서로 배우고 얻는 것이 많아 늘 서로를 지지하며 열심히 회의에 참여해왔다. 레드레프젠만 제외하고. 하지만 회의가 끝날 무렵 그는 신기술 연구에 대해 발표한 기베르트에게 말을 걸었다. 레드레프젠은 팔짱을 끼고 의자에 등을 기대고 앉았다.

"이런 지적을 해서 죄송하지만 보고서에 자료 출처가 언급되어 있지 않네요."

그는 미소를 지으며 말했다. 그가 무례하다고 생각하는 사람은 없었다. 기베르트 역시 의심하지 않았다. 그럴 이유가 뭐가 있겠는가? 동료들끼리 그 정도의 지적은 얼마든지 할 수 있는 일이다.

"아, 네. 사실 이 자료를 수집하는 데 정말 힘들고 복잡한 과정을 겪었거든요. 정말이지 자료 찾기가 힘들어서 심혈을 기울여야 했어요. 돈도 꽤 많이 들었고요. 관심이 있으시면 제가 자료를 넘겨드릴게요. 복사는 금지되어 있지만 며칠간 자료 원본을 빌려드릴 수는 있습니다."

그는 당연히 그 자료에 관심이 있었다. 어느새 그의 가방은 불룩해졌다. 그는 속으로 이번 회의에 참석하기 정말 잘했다고 생각했다.

그러고는 3개월이라는 시간이 흘렀다.

연구소 소장은 아주 중요한 발표가 있을 경우에만 직접 연구소에 나타나는 사람이었다. 바로 오늘처럼. 연구소 직원들은 당연히 한 사람도 빠짐없이 회의실에 모였다.

소장은 직원들 중 새로운 부서 책임자를 임명하게 되어 기쁘다고 말했다. 아주 열심히 그리고 철두철미하게 일하고 능숙하게 지원금 신청도 하고 게다가 여러 가지 새로운 자료를 열심히 조사하고 수집하는 사람은 당연히 승진을 해야 한다고 밝혔다.

직원들은 드디어 때가 왔다고 생각했다. 마침내 소장이 자신들의 노고를 알아준다며 뿌듯해했다. 모두들 함박웃음을 지으며 한껏 기대에 들떴다.

부퍼만은 자신의 연구 실적을 떠올리며 마음속으로 고생한 보람이 있기를 내심 기대했다. 그는 충분히 그럴 만한 자격이 있었다. 쉥크 역시 확신하고 있었다. 그가 지원금 신청 시 주의할 사항을 다른 동료들과 공유한 덕에 몇몇 동료들이 지원금을 타는 데 성공했다. 기베르트 역시 내심 기대하고 있었다. 그녀의 연구 보고서가 사보에 실렸고 모두들 방대한 조사량에 대한 칭찬을 아끼지 않았다. 과연 그녀가 행운의 승진 대상자일까?

"여러분 중에 제가 언급한 바로 그런 노력을 한 사람이 있습니다."

소장은 자리에서 일어나 목소리를 가다듬고 모여 앉은 사람들을 쳐다보았다.

"팀원 중 한 명이 다양한 정보를 수집해서 저에게 전달했습니다. 연구 결과 보고서, 논문, 권고안 등 필요한 모든 자료들 말입니다. 그렇기 때문에 제가 결정을 내리기 그리 어렵지 않았습니다. 모두들 함께 동료의 승진을 축하해주시기 바랍니다."

조용한 성격의 레드레프젠은 혼자 배시시 미소를 지었다. 소장이 미리 그에게 승진 사실을 귀띔해주었던 것이다.

"남을 대신 일하게 하는 건
나만의 특별한 재능"

직장 생활을 해본 사람이라면 성공을 위해 남을 이용해먹는 재수 없는 상사를 겪어봤을 것이다. 그들은 원래부터 재수 없었을까 아니면 그런 자리에 앉으면 재수 없어지는 걸까?

그들이 승진한 비결은 남은 아랑곳하지 않는 뻔뻔함일까? 나도 성공하려면 다른 사람에 대한 배려 따위는 집어치우고 뻔뻔함으로 무장해야 하는 걸까? 팀 내에서 페어플레이를 하고 묵묵히 일만 하면 결국 밀려날 수밖에 없는 걸까? 반드시 그렇지는 않다. 만약 그렇다면 사장 자리에 앉아 있는 사람들은 전부 다 재수 없는 사람이라는 얘기인데 실제로 그런 것은 아니기 때문이다.

당하는 사람에게는 상당히 불쾌한 일이지만 레드레프젠과 같은 사람들은 뒤에서 교묘하게 다른 사람의 업적을 가로채고 결정적인 순간에 전면에 나서는 것을 상당히 효과적인 전술이라고 생각한다.

이들은 자신들의 성격이 나쁘다는 것을 부인하지도 않는다. 이들은 이기적인 자신의 성격을 뛰어난 강점으로 인식하고 있다. 다른 사람들이 자기처럼 행동하지 않는 것은 용기가 없기 때문이라고 생각하는 것이다. 남의 업적을 가로채는 사람들은 한마디로 다른 사람을 개의치 않는다. 자기를 싫어하든 말든 아랑곳하지 않는다. 어차피 세상에 믿을 사람은 오직 자기 자신뿐이니까.

남의 업적을 가로채는 사람

- ☞ 도덕은 아랑곳하지 않는 탐욕스러운 사람
- ☞ 남을 착취하여 부당이득을 노리는 사람
- ☞ 남의 업적을 슬쩍 가로채려는 사람
- ☞ 공동체의 관심보다 자신의 관심을 전면에 내세우는 사람

{ 첫인상 }
겸손하고 신중하고 생각이 깊고 순진해 보인다.

이기적인 사람들은 석기시대에도 분명히 있었을 것이다. 위험한 매머드 사냥에 나서는 대신에 초원에서 낮잠을 자다가 저녁 시간이 되면 모닥불 앞에 가장 먼저 앉아 다 구운 고기에 칼을 찔러 넣으면서 자신이 매머드에게 최후의 일격을 가했다고 주장하고도 남을 그런 간사한 사람 말이다.

목표 지점에 다다르기 위해 가장 짧고 편한 길을 선택하는 것 자체는 비난할 만한 일이 아니다. 최소의 노력으로 최대의 이득을 얻으려는 것은 인지상정이다. 공동체 내에서 확고한 지위를 누리려면 특별한 재능이 있어야 한다. 매머드 사냥꾼들 사이에는 매머드의 움직임을 살펴서 잡기 쉽게 모는 역할을 하는 발 빠른 사람들이 있었고, 사냥 도구를 능숙하게 다룰 줄 아는 사람들이 있었으며, 또 사냥한 매머드를 집으로 운반하는 힘센 사람들이 있었다. 이렇게 각자 자기 역할을 수행하고 모두가 이익을 나누었다. 하지만 불행히도 남의 업적을 가로채는 사람, 남들을 일하게 하는 것을 자신의 특별한 재능으로 여기는 사람들 또한 존재했을 것이다.

우리는 어린 시절부터 이런 사람들 때문에 불쾌한 경험을 하게 된다. 학창 시절을 돌이켜보자. 선생님이 수업 시간에 어려운 질문을 던졌을 때 다른 학생들이 틀린 대답을 내놓는 것을 가만히 듣고만 있다가 수업이 끝나기 직전에 그동안 나온 대답들 중 선생님이 칭찬한 것만 모아 한 문장으로 정리해서 발표를 하는 학생 말이다. 그러면 선생님은 학교생활기록부에 수업 참여도가 뛰어나다는 멘트를 남긴다. 다른 학생들은 그런 약삭빠른 행동에 화가 나면서도 그런 생각을 하지 못한 자기 자신을 탓한다.

관계를 맺지 않는 아웃사이더의
자기중심적 세계관

남의 업적을 가로채는 사람의 세계관은 피라미드와 유사하다. 맨 꼭대기에 올라앉아 상황을 주시하며 내려다본다. 그들은 동료, 가족, 그리고 다른 사람들을 개인으로 인식하는 것이 아니라 자신을 받쳐주는 기반으로 인식한다. 자신을 뺀 나머지 사람들은 당연히 그를 도와주기 위해 존재할 뿐이다.

 이들도 직장을 다니고, 가족이 있고, 협회 등에 소속되어 있기는 하지만 실제로는 사람들과 관계를 맺지 않는다. 어딘가에 참여하는 법이 없다. 세상과 일정한 거리를 두고 무슨 일이 벌어지는지 관찰한다. 남의 업적을 가로채는 사람들은 피라미드 꼭대기에서 조망할 때 가장 편안함을 느낀다. 저 아래 사람들은 실컷 일하고 사랑하고 고통을 당하고 실수도 하고 맘껏 경험을 쌓으라지. 나는 가만히 지켜보다가 결정적인 순간에 독수리처럼 나타나 이익을 두둑하게 챙겨야지. 물론 그러다 보면 대부분의 시간을 혼자 보내게 되지만, 적어도 내가 실수할 일은 없다.

레드레프젠 같은 사람들은 자신은 초연하다고 주장한다. 하지만 실제로는 안전한 거리를 고수할 뿐이다. 이들은 어떤 모험도 기피하기 때문이다. 그들은 실수를 하고, 망신을 당하고, 함정에 빠질까 봐 두려워한다. 또는 자기만큼이나 뻔뻔한 사람을 만나게 될까 봐 두려워한다.

바로 여기에 딜레마가 존재한다. 이렇게 자기중심적인 세계관을 갖고 있는 사람이라면 인간애, 공동체 의식 그리고 공정성 같은 것이 실제 작용한다고는 생각하지 않는다. 남의 업적을 가로채는 사람의 내면에는 깊은 불신이 자리하고 있다. 사람들이 서로 도우며 살아가는 것처럼 보이지만 실제로는 모두들 자기 잇속을 챙기려고만 한다고 생각한다.

'내가 먼저 선수 치지 않으면 손해를 볼 수 있다. 그래서 나는 그들보다 더 영리하고 더 빠르고 더 거침없어야 한다. 그래야만 나는 더 이상 두려워할 필요가 없어진다.'

남의 업적을 가로채는 사람은 이렇게 생각한다. 그들에게 세상은 약육강식이 지배하는 곳이다. 공동체에서 표방하는 "우리는 한 배를 타고 있다."라는 구호를 믿지 않기 때문에 그들의 세계에는 서로가 서로를 공격하는 각개전투만 있을 뿐이다. 이런 전투에서 그는 무슨 일이 있어도 승자로 우뚝 서야 한다. 그리고 실제로 승리를 거두는 경우가 많다. 이들처럼 불공정한 방식을 감행할 사람은 거의 없기 때문이다.

'남의 업적을 가로채는 사람'이라는 말을 들으면 많은 사람들이 경제 상황이 악화되었음에도 거액의 성과급을 덥석 챙기는 투자은행 경영자나 대기업 임원진을 떠올릴 것이다. 뇌물수수나 부패 같은 더러운 거래가 존재할 수 있는 이유는 도덕 따위는 아랑곳하지 않는 탐욕스러운 사람들이 있기 때문이다. 큰돈이 걸린 문제가 아니더라도 이기적인 탐욕을 드러내는 사례는 많다. 탈세, 무전취식, 무임승차, 절도, 복지 혜택의 부당 수급……. 이것들 중 몇 가지는 다른 사람에게 직접적인 해를 끼치지 않고 공동체 의식에만 해를 끼치는 비신사적인 행위 정도로 취급될 수도 있다. 하지만 사회 구성원 모두의 관심사보다 매번 자신의 관심사만 전면에 내세우는 사람이라면 '남의 업적을 가로채는 사람'으로 분류할 수 있다.

공동체의 의미에 대한 회의를 품게 되는 것은 가족 내에서 시작되는 경우가 많다. 가족 구성원 간의 결속력이 없어 각자가 자기 살 길을 찾아야 하는 그런 가족 내에서 말이다. 이런 가정에서는 다툼이 벌어져야 관심을 끌 수 있고 경쟁을 통해서만 접촉이 이루어진다. 당연히 아량이나 정직과 같은 덕목은 배울 수 없다.

나르시시즘("나는 너희들하고는 달라!")과 반사회적 인생관("나는 내 방식대로 살 거야. 규칙 따위는 필요 없어.")의 잘못된 조합은 이용당하거나 무시당할지도 모른다는 근본적인 불안을 은폐해버린다. 그로 인해 사회의 가장자리로 밀려난다. 누구도 이 사람과 사적인 관계를 맺고 싶어 하지 않을 것이다. 그 결과 그들은 조직 내에서 더욱 겉돌게 된다. 성공을 가능하게 한 전략이 결국 증상을 더욱 악화시킨다.

레드레프젠의 경우를 살펴보자. 그에게 동료들에 대해 어떻게 생각하는지 물어본다면 그는 다들 제 밥그릇만 챙기기 때문에 거리를 두는 것이 낫다고 주장할 것이다. 이런 인식 때문에 그는 협동심이 없고 과묵하며 유머가 없는 동료이자 다른 사람들과 어울리지 못하는 사람이 되어버린다.

그의 생각과 달리 회사 분위기는 대체로 좋은 편이다. 구성원들은 서로 정보를 교환하고, 성공과 실패 경험을 함께 나누는 것이 저 인간 혐오자처럼 말없이 구석에 앉아 아무 일에도 관심을 보이지 않는 것보다 훨씬 낫다고 생각한다.

레드레프젠이 참여하고 싶다는 신호를 보내지 않아 사람들은 언제부터인가 그를 그냥 내버려두게 된다. 여기에는 어떤 나쁜 의도도 없다. 하지만 레드레프젠은 역시 자기 생각이 맞았다고 확신하게 된다.

'거 봐. 저 사람들은 다 자기 밥그릇 챙기는 데만 혈안이 되어 있잖아. 나는 저기 끼고 싶지 않아. 언젠가는 내 능력을 보여줘서 다들 깜짝 놀라게 해주고 말 거야.'

남의 업적을 가로채는 사람 대처법

남의 업적을 가로채는 사람에게 급습을 당하면 마음을 추스르기가 상당히 힘들다. 그럼에도 불구하고 대부분의 '희생자'들은 화가 나도 참고 그를 비난하지도 않는다.

'내가 운이 안 좋았나 봐, 내가 좀 더 조심했어야 했는데, 내가 세상을 너무 순진하게 살아가나 봐.'

마치 지갑을 아무 데나 두거나 집 현관문을 활짝 열어둬서 도둑을 맞은 거라고 자책하는 사람들처럼 빌미를 제공한 자신에게도 책임이 있다고 생각한다.

'레드레프젠은 주어진 기회를 이용했을 뿐이다. 다른 동료들이 힘들게 연구하고 작업한 것을 이용해 이득을 취하기는 했지만 동료들도 아무 거리낌 없이 굳이 모든 얘기를 할 필요는 없었다.'

그의 동료들은 이렇게 생각하며 자신들의 어리숙함을 민망해한다. 그러니 아무도 사장을 찾아가 고자질하지 않는다. 그의 뻔뻔함은 동료들의 입을 다물게 만드는 데 일조한다.

레드레프젠은 남의 공적을 자신의 것인 양 으스대고, 칭찬을 받고 성공을 향한 계단을 한꺼번에 두 칸씩 올라가려 한다. 그는 옛 동료들을 내려다볼 수 있는 맨 위쪽 계단에 오를 때까지 이러한 행보를 멈추지 않을 것이다.

그런데 우리는 왜 몹시 화가 나는데도 상대에게 따지지 않고 내버려두는 것일까? 우리는 남의 업적을 가로채는 사람들의 뻔뻔함을 혐오한다. 우리는 그렇게 살지 않기 때문이다.

'그런 짓은 하면 안 돼! 그건 비열한 행동이야! 나는 절대 그러지 않을 거야!'

도덕이라는 것은 각자가 우리의 주변과 맺는 일종의 계약이다. 이를 유식하게는 도덕적 계약론[15]이라고 부른다. 우리 할머니들은 다음과 같이 말씀하셨다.

"다른 사람이 너한테 하지 말았으면 하는 행동이라면 너도 다른 사람한테 하면 안 돼."

우리는 다른 사람들이 우리 물건을 훔치거나 사기를 치거나 상해를 입히거나 심지어 살인을 저지르지 않길 바란다. 이런 욕구가 다른 사람의 것을 훔치고, 사기를 치고 살인을 하는 것보다 훨씬 더 크다. 그렇기 때문에 우리는 다른 사람들에게 이런 나쁜 짓을 하지 않는다. 우리는 희생자가 되지 않을 안전을 '구입'하는 대신에 우리가 범인이 되지 않을 의무를 지불한다. 이런 금지 조항들이 법률에 명백하게 명시되어 있지만 우리가 마음속으로 서명을 하는 이런 도덕적인 '계약'이 우리 의식 깊숙한 곳에 새겨져 있기 때문이다. 그래서 우리는 범행이 들키지 않거나 법에 저촉되지 않는다 할지라도 다른 사람에게 해를 입히지 않으려고 한다. 그런데 레드레프젠의 경우는 어떠했는가? 그는 '동료들이 힘들게 얻어낸 연구 결과를 가로채면 안 된다.'는 암묵적 계약을 파기해버렸다. 이런 행동은 보통 제재를 받게 된다. 더 이상 동료들은 그와 말을 섞으려고 하지 않을 것이다. 하지만 그는 별로 개의치 않는다. 어차피 그는 공동체에 별 가치를 두지 않기 때문이다. 바로 그런 점이 우리를 격분하게 하고 동시에 입을 다물게 만든다. 남의 업적을 가로채는 사람은 규칙을 따르지 않으면서도 마땅히 받아야 할 처벌까지 피해간다.

그의 이런 행동은 공동체에 상당한 상처를 남긴다. 그러나 당신은 남의 업적을 가로채는 사람에게 언성을 높이거나 뻔뻔한 행보에 초를 치지는 못한다. 그렇게 한다면 당신도 그와 똑같은 수준이 되어버리기 때문이다. 당신은 스스로에게 비열한 행동을 허용하지 않으면서 동시에 다른 사람의 잘못된 행동에 어떤 제재도 가해지지 않는다는 사실에 화가 난다.

우리가 마땅히 자랑스러워해야 할 우리의 도덕관이 우리의 정의감 행사를 방해한다. 그리고 우리는 속으로 남몰래 생각한다.

'내가 조금만 더 이기적이고 더 뻔뻔해질 수 있다면……'

하지만 별 실속이 없음에도 불구하고 우리는 착실하게 규칙을 잘 지키며 살아간다. 그렇다고 해서 당신이 괴로워할 필요는 없다. 한 가지 중요한 사실을 간과해서는 안 되기 때문이다. 당신은 남의 업적을 가로채는 사람과는 달리 공동체의 일원이다. 사람들은 당신과 대화를 하고 당신을 신뢰하고 당신의 팀워크와 그 밖의 많은 능력들을 인정해준다. 당신은 생일이 되면 생일 축하 카드를 받고 힘든 일이 생길 때 위로를 받는다. 이런 모든 것들을 포기하고 싶은가? 당신은 정말로 인기 없이 혼자서 다른 사람들 위에 우뚝 서고 싶은가? 결코 그러고 싶지 않을 것이다!

하지만 남의 업적을 가로채는 사람의 행동이 당신에게 남긴 상처를 그냥 내버려두지 않아도 된다. 만약 혼자서 이런 부당함에 대응할 수 없다면 다른 사람들을 동원해서 겪은 일을 함께 나눠라. 그리고 필요하다면 함께 행동을 취해야 한다. 사장을 찾아가서 남의 업적을 가로채는 사람의 비열한 행동에 대해 알려라. 아마 사장도 사실을 알면 기뻐할 것이다. 그런 직원한테 책임이 막중한 자리를 맡기고 싶지는 않을 것이기 때문이다. 아니면 남의 업적을 가로챈 사람을 직접 찾아가서 당신이 화가 났다는 사실을 단도직입적으로 밝히고 이런 식으로는 앞으로 당신의 지원을 받을 수 없다는 점을 확실히 해라. 아니면 그냥 내버려두어라. 그러는 것도 나쁘지 않다. 다행히도 늘 모든 것을 바로잡아야 하는 것은 아니다.

앞으로는 남의 업적을 가로챈 사람이 비열한 방법으로 획득한 것에 집중하기보다는 그 사람의 부족한 점에 주목하라. 그러면 당신의 처지가 훨씬 더 낫다는 것을 깨닫게 될 것이다. 게다가 당신은 혼자가 아니다.

남의 공적을 자신의 것인 양 가로채는 행위에 격분하고 그런 행위에 대해 거부감이 생긴다면 당신은 뒤통수를 친 사람한테 오히려 고마워해야 한다. 당신에게 겸손을 강요하는 말들, 예를 들어 "잘한 일을 입 밖으로 꺼내지 마라."와 같은 충고가 결코 미덕이 아니라는 사실을 그가 깨우쳐줬기 때문이다. 이런 깨달음을 통해 당신 자신을 PR할 수 있는 새로운 방법을 찾거나 개선시킬 수 있는 기회로 삼으면 된다.

뭐든지 아는 체하는 사람

자신이 돋보여야 하는 자기애성 인격 장애

"야, 너는 그것도 몰라?"

자기 무능에 대한 실망감이
바보를 아는 체하는 사람으로 만들어버린다.

— 페터 슈마허(Peter E. Schumacher)

묻지도 않은 충고로
상대를 질리게 하는 법

두 사람은 고원지대에 앉아 해가 지는 광경을 지켜보았다. 로빈이 정말 낭만적이라고 생각하는 순간 루시가 불쑥 입을 열었다.

"그렇게 하면 안 되지."

그가 손에 들고 있던 신문지를 빼앗은 루시는 과감한 손놀림으로 땔감을 쌓았다.

"가운데 넣을 종이는 너무 세게 구기면 안 돼. 모닥불을 제대로 피우려면 작은 나무를 텐트처럼 빙 둘러 세운 뒤에 팔뚝보다 두꺼운 장작을 가운데에 넣어야 해."

루시의 말은 맞았다. 순식간에 불이 활활 타올랐다. 그렇지만 로빈은 짐을 챙겨 그냥 도망칠까 생각했다. 사사건건 아는 체하는 여자랑 더 같이 있느니 덜덜 떨더라도 텐트를 버리고 침낭에서 자고 싶은 마음이 굴뚝같았기 때문이다. 대학생인 두 사람은 캠핑 장비와 나침반을 챙겨 아이슬란드로 트래킹을 왔다. 루시와 처음으로 여행을 떠나며 로빈은 그녀야말로 함께 모험을 즐길 수 있는 파트너라고 생각했다. 적어도 출발하기 전까지는.

로빈이 루시를 만난 것은 6개월 전 어느 파티에서였다. 그는 루시의 자신감 넘치고 당당한 모습에 반했다! 루시는 대부분의 다른 여자 동기생들처럼 그렇게 까다롭거나 예민하게 굴지 않았다. 그녀는 자신이 무엇을 원하는지 분명히 알고 그러기 위해서 어떤 길을 가야 하는지 분명히 아는 여자였다. 이런 여자와 함께라면 팜파스 초원으로라도 모험을 떠날 수 있다고 생각했다. 하지만 그러기 위해서는 철사만큼 단단한 신경과 흔들리지 않는 자의식이 필요했다. 그렇지 않다면 자신이 천하에 쓸모없는 인간이라는 생각에서 벗어날 수 없을 것이기 때문이다. 사실 로빈은 여행 계획을 세울 때부터 눈치를 챘어야 했다.

"항공권은 내가 알아보고 예약할게. 비싼 항공료를 지불할 생각은 없거든!" 또는 "어머! 모기 퇴치 스프레이를 샀다고? 그건 필요 없어. 네가 여행지에 대해 조금이라도 알아봤다면 그곳에 사는 모기들은 귀찮게는 해도 물지 않는다는 것을 알 텐데……."

하지만 로빈은 그때만 해도 루시가 그렇게 모든 것에 대해 잘 알아서 다행이라고 생각했다. 덕분에 자신은 여행에 신경 쓰지 않아도 되었기 때문이다. 하지만 아이슬란드에 도착해서 첫 번째 트레킹을 떠나려고 할 때부터 불쾌한 감정이 일어났다.

"대체 이건 다 뭐야?"

"트레킹용 신발이지."

"이런 어설픈 신발을 신고 고원지대를 올라가겠다고?"

루시는 그를 비웃었다.

"진짜 좋은 장화야. 이걸 신고 스페인 여행도 갔다 왔어. 단단하고 방수도 되고 게다가 길이 잘 들어서 발도 편하다고."

"방수가 된다고? 방수가 잘 되는 대신에 발이 숨을 제대로 못 쉬게 된다는 생각은 안 해봤어? 이따가 텐트 안에 발 냄새가 진동하겠군!"

"밤마다 발을 깨끗이 씻으면 되잖아!"

'이런 젠장! 발을 깨끗이 씻겠다니! 이런 약속은 어렸을 때 엄마한테나 하던 건데.'

화산 지대로 더 올라가면 올라갈수록 로빈의 속은 부글부글 끓기 시작했다. 루시는 모든 것, 정말 모든 것에 대해 그보다 더 많이 아는 것처럼 행동했다. 그녀는 끊임없이 묻지도 않은 충고를 해댔고 그의 결정에 의문을 제기하거나 코스를 마음대로 정했다. 그가 큰 마음먹고 구입한 비싼 배낭이 품질 검사 기관에서 '미흡' 판정을 받은 안 좋은 물건이라는 것도 알게 되었다. 또 길을 찾거나 비상식량을 준비하는 데 있어서 자신은 젬병이라는 사실도 알게 되었다. 로빈은 문득문득 그가 대학 입학 전에 갔던 스페인 배낭여행에서 무사히 살아 돌아왔다는 사실이 새삼 의아하게 느껴졌다. 그는 자신이 제대로 요리할 줄도 모르고, 찬물에 빨래할 줄도 모르고, 걸을 때는 등이 구부정해서 건강에 이상이 있는 것이 아닌지 병원에 가봐야 한다는 사실도 알게 되었다.

"자기야, 무슨 생각해?"

별들이 황홀하게 반짝이는 밤하늘을 올려다보며 모닥불 옆에 앉은 루시가 물었다. 갑자기 아주 부드럽고 애교스럽게 변한 루시가 따뜻하게 안아주기를 원하는 눈치였다. 마치 버튼을 눌러 교관으로서의 기능을 꺼버린 듯했다.

'그래 좋아. 오늘 밤은 루시 곁을 떠나지 않겠어.'

로빈은 어차피 그럴 수도 없는 상황이었다. 그는 어느새 혼자서 집으로 돌아가는 길을 찾을 수나 있을지 자신이 없어졌다.

"잘난 체하는 게 아니라 옳은 말을 하는 거야!"

사실 어느 정도의 아는 체는 그렇게 못 견딜 정도는 아니다. 어쨌든 이들은 어떤 일에 대해 구체적인 의견을 갖고 있고 다방면에 걸쳐 지식이 풍부하고 말을 잘하고 대개는 나름의 매력을 갖고 있는 사람들이다.

처음에는 저런 사람과 함께라면 무인도에서도 살아남을 수 있을 것 같고, 나도 언제든 도움을 받을 수 있을 것 같아 금세 호감을 갖게 된다.

뭐든지 아는 체하는 사람은 책을 집필하고(우리처럼), 열띤 연설을 하고, 어려움에 처한 사람을 앞장서서 도와준다. 단지 너무 지나치다는 것이 짜증을 불러일으킨다.

선의의 충고를 받은 사람은 그 충고에 고마워한다. 하지만 누가 끊임없이 원하지도 않는 충고를 한다면 불쾌한 감정이 생긴다.

뭐든지 아는 체하는 사람

- ☞ 고압적인 자세로 잘난 체하는 사람
- ☞ 묻지도 않은 충고를 하는 사람
- ☞ 상대방의 행동에 대해 지적하기를 좋아하는 사람
- ☞ 상대방의 열등감을 자극하는 사람

{ 첫인상 }
자신감이 넘치고, 능력 있고, 부지런하고,
결단력 있는 사람처럼 보인다.

우리보다 다른 분야를 더 잘 아는 똑똑한 사람이 있다는 사실은 얼마든지 받아들일 수 있다. 우리는 그런 사람들에게 이득을 얻기도 한다. 예를 들어 회계에 대해 잘 아는 동료에게 도움을 구하기도 하고 이웃에게 사과나무를 언제 어떻게 가지치기하는 게 좋은지 조언을 구하기도 한다. 하지만 누군가 계속해서 고압적인 자세로 우리보다 많은 것을 알고 있다는 분위기를 풍기면 우리는 초라함을 느끼게 된다. 그래서 화가 난다. 마치 좋은 와인과 같은 이치다. 와인을 적당히 마시면 기분이 좋아지지만 한 병을 다 들이켜면 두통이 생긴다.

앞서 등장했던 로빈은 새로운 것에 목말라하는 젊은 대학생이다. 그는 그의 나이 또래 젊은이들이 이미 수천 년 전부터 해오던 일을 하고 싶은 것이다. 바로 넓은 세계를 보고, 질문을 던지고 실수도 하고 여러 가지 경험과 새로운 지식을 쌓고 싶어 한다. 또 자신이 직접 체험해야만 비로소 자신의 지식이 될 것이라고 생각한다. 그는 루시를 보고 한눈에 홀딱 반했다. 자신감이 넘치고 능력 있고 합리적인 사람으로 보였기 때문이다. 바로 이런 여자라면 아이슬란드로 향하는 여행뿐만 아니라 인생의 동반자로도 적격이라는 생각이 들었다.

그런데 그 동반자는 갑자기 대장으로 돌변했고 더 이상 그와 나란히 걷지 않고 앞장서서 걸어간다. 두 사람은 같은 비행기를 타고 같은 텐트에서 자고 같은 길을 걸어가고 있지만 그는 서로 다른 여행을 하고 있는 듯한 느낌이 든다. 루시가 리더이고 로빈은 그녀를 따라야 한다. 그녀가 속도, 방향, 트레킹 루트 그리고 장비를 결정한다. 길을 떠난 첫날 로빈이 여행에 흥미를 잃은 것도 그다지 놀랄 만한 일이 아니다.

　마치 회계사가 이제부터 매일 우리 사무실에 들이닥쳐 우리가 서류를 제대로 작성하는지 검사할 때 우리가 짜증스러운 반응을 보이는 것과 비슷하다. 또는 이웃집 남자가 자기네 집 담장 쪽으로 뻗어 자란 벚나무와 배나무 가지를 당장 잘라내라고 시도 때도 없이 지적할 때처럼 말이다.

　우리가 뭐든지 아는 체하는 사람을 힘들어하는 것은 상대방을 배려하지 않는 일방통행식 태도 때문이다. 한 사람만 말을 하고 상대방은 닥치고 듣기만 해야 한다면 진정한 소통은 이루어지지 않고, 말은 곧 지시가 되어버린다.

　뭐든지 아는 체하는 사람은 자신의 의견만 내세우고 다른 사람의 의견은 받아들이지 않는다. 비판이나 제안은 애초에 설 자리가 없다. 아는 체하며 자기만 옳다고 주장하는 사람들은 완고하고 맹목적이다 싶을 정도로 자기 관점을 고집한다. 이런 사람은 '이것도 옳고 저것도 옳다.'는 것을 받아들이지 않고 오로지 '옳고 그름'만 얘기한다. 마치 이 세상이 정답이 하나밖에 없는 수학 문제인 것처럼 말이다. 하지만 다시 학창 시절로 돌아가 칠판 앞에 선 수학 선생님의 수업을 받는 듯한 기분을 시도 때도 없이 느끼고 싶은 사람이 어디 있겠는가.

무지와 무능을 감추고
유능함을 돋보이게 하려는 전략

진정한 지식인은 자신이 모든 것을 다 알고 있지 않다는 것을 안다. 그리고 동일한 문제에 대해 답이 여러 개일 수 있다는 것도 안다. 다른 사람들의 의견도 받아들이고 다른 여러 가지 대안에 대한 호기심이 개인적으로 경쾌한 삶을 살 수 있는 전제가 된다. 확고한 원칙만 고수하고 다른 사람들의 의견에 귀를 닫아버리면 무지를 깨우치지 못하게 된다.

요란한 빈 수레 같은 사람일수록 자신이 잘 모르거나 아예 모르는 일에 무턱대고 아는 체하는 경향이 있다. 반박을 당하면 당할수록 자신의 생각을 더욱 고집한다. 그렇기 때문에 아는 체하는 만물박사의 실수를 지적하는 것은 헛수고가 될 수 있다. 당신이 백과사전까지 손에 들고 명백하게 그의 실수를 증명한다 해도 마찬가지이다.

"그건 최신판이 아니잖아!", "그건 오타가 틀림없어!", "그 사람들이 뭘 안다고 그래!".

독선적인 사람들은 늘 이런 핑계를 늘어놓는다. 이런 사람은 상대성이론은 난센스라고 주장하면서, 옆에 아인슈타인이 앉아 있다 할지라도 그가 입도 제대로 떼지 못하게 만들어버릴 것이다.

뭐든지 아는 체하는 사람은 근본적으로 자신의 지식이나 능력을 뽐내려는 것이 아니라, 자신의 무지와 무능력을 감추려는 것이다.

그들은 다른 사람한테 망신을 주거나 멍청하다고 지적하고 싶은 것이 아니라, 자신의 무지가 탄로 날까 봐 스스로를 보호하려는 것이다. 그들의 내면 깊숙한 곳에서는 자신이 아무것도 아닌 형편없는 사람이라는 것에 대한 두려움이 자리 잡고 있다. 그들이 능력 있어 보이는 것은 그들의 트레이드 마크이자 동시에 방패막이다. 루시 같은 사람들은 주위로부터 인정을 받고 싶어 하고 칭찬을 듣고 싶어 하고 자신이 대체 불가능한 존재라고 느끼고 싶어 한다. 그러면 언젠가는 스스로도 자신이 가치 있는 사람이라는 것을 믿게 될지도 모른다. 하지만 무의식은 그들이 아무것도 할 수 없고 늘 부족한 존재라고 끊임없이 속삭인다. 그래서 끊임없이 자신의 가치를 인정받기 위해서 성과를 지나치게 중요하게 여긴다.

　루시는 오빠와 남동생 사이에서 태어났다. 부모님은 의사로서 잘나가는 병원을 운영하고 있었으며 가족의 삶은 편안함을 느끼는 집이라기보다는 잘 조직된 회사 같은 느낌이 강했다. 루시는 어릴 때부터 책임감이 강한 모습을 보이고 학교에서 뛰어난 성적을 받아오고 방을 깨끗하게 치울 경우에만 칭찬을 들었다. 물론 루시는 사춘기가 되자 반항하기 시작했다. 밤늦게까지 집에 들어오지 않거나 친구들과 함께 부모님의 술병을 비웠다. 하지만 부모는 혼을 내거나 벌을 주지 않고 무관심으로 일관했다. 기껏 해야 또 그러면 기숙사가 달린 학교로 보내버리겠다는 협박이 전부였다. 여기에 착실하게 공부 잘하는 오빠와 남동생을 좀 본받으라는 지적이 뒤따랐다. 루시는 왜 자신이 그렇게 엇나가는지에 대해 부모와 진지하게 이야기해본 적이 없었다. 이러한 가정환경은 성장기의 루시에게 다음과 같은 메시지를 전달한다.

"네 역할을 제대로 다할 경우에만 우리는 너를 인정한다. 만약 엉뚱한 짓을 하면 너는 우리의 관심을 받을 자격이 없다."

이런 상황에 처한 아이는 자기애성 인격 장애의 특성을 드러낼 위험이 있다. 관심받지 못한 자아, 텅 비어버린 내면을 감추기 위해 자신의 지식과 능력을 돋보이게 하는 데 강박적으로 매달리기 때문이다. 그러니 자신이 항상 옳다고 주장하는 것은 알고 보면 사실은 상당히 초라한 회피 전략에 불과하다.

뭐든지 아는 체하는 사람 대처법

이런 식으로 아는 체를 하다 보면 결국 도를 넘게 되고 다른 사람들은 자신의 인격이 공격당했다고 생각할 수 있다. 왜 그럴까?

뭐든지 아는 체하는 사람은 자신이 똑똑하다는 인상을 심어주는 것만으로는 만족하지 못한다. 그저 자신의 지식이 풍부하다는 것을 보여주려는 것이라면 남에게 별 피해를 주지 않는 만물박사 정도로 그칠 수 있다. 하지만 우리가 다루려고 하는 사람은 명백한 잘난척쟁이이다.

이들은 상대방과 분명한 구분을 짓기 위해 노력한다. 똑똑하고 싶은 것이 아니라 더 똑똑하고 싶은 것이다. 유능하고 싶은 것이 아니라 더 유능하고 싶은 것이다. 이들은 늘 강박적으로 유능함을 내세우면서 다른 사람과 자신을 비교하며 우월감을 느낀다. 바로 이런 점 때문에 우리는 뭐든지 아는 체하는 사람을 만나면 기분이 나빠진다. 어차피 질 것이 뻔한 경쟁을 계속해서 강요당하고 싶은 사람이 어디 있겠는가?

로빈은 여자 친구의 확고한 주관에 대해 감탄하기도 한다. 하지만 그렇다고 해서 자신이 '루저'로 낙인찍히고 싶은 마음은 추호도 없다. 사실 로빈은 루시와 시도 때도 없이 비교를 하고 싶은 것이 아니라, 그저 함께 좋은 시간을 보내고 싶을 따름이다.

하지만 루시와 그냥 좋은 시간을 보내는 것은 불가능해 보인다. 로빈은 무언가 루시와 다른 방식을 취할 때마다 곧장 잘못됐다는 지적을 받고 있다. 루시가 이런 식으로 계속해서 자신의 우월함을 드러내면 로빈은 점점 더 기분이 언짢아질 것이고 그도 루시처럼 자신이 사랑받을 만한 가치가 없는 존재라고 생각하게 될지도 모른다. 이것은 나르시시스트들이 추구하는 전형적인 방법이다. 그들은 다른 사람들에게 자신의 감정을 전이함으로써 더 우쭐해지고 자신이 강하다고 느낀다. 로빈이 스스로를 보잘것없다고 느끼면 느낄수록 루시는 자신에 대한 우월감으로 무장한다.

뭐든지 아는 체하는 사람은 다른 사람들이 자신을 우러러보기를 원하고, 사랑받고 싶어 하면서 동시에 자신을 우러러보는 사람을 깔아뭉개고 싶어 한다. 그러니 이들은 언젠가는 혼자 남게 된다. 상대가 짜증이 나서 피해버리거나 또는 너무나 열등감을 느끼게 된 나머지 그 관계가 무의미하다고 느끼기 때문이다. 당연히 이들은 파트너로서 매력이 없다.

그렇다면 이렇게 밑도 끝도 없이 아는 체하는 사람을 만나면 어떻게 대처해야 할까? "당신이 정말 최고야!", "당신이 없었다면 난 정말 어쩔 뻔했어!"와 같이 칭찬과 감사의 말을 늘어놓을 수도 있지만 자칫 자기 말에 사레들릴 수가 있다.

게다가 아는 체하는 사람에게 칭찬을 하면 더 기고만장해질 위험이 있다. 자신의 전략이 성공했다고 생각할 테니까.

그 사람을 멀리하는 것으로 문제를 해결하지 않고 정면으로 부딪쳐보는 것도 좋은 방법이다. 다행히도 이들은 상당히 소통을 즐기는 편이다. 비록 아주 예민하고 잘 삐치기는 하지만. 그렇기 때문에 이런 사람들과 대화할 경우 몇 가지 유의할 점이 있다.

뭐든지 아는 체하는 사람과 대화할 때 유의할 점

- 논쟁은 가능하면 단둘이서 하는 것이 좋다. 옆에 다른 사람이 있으면 뭐든지 아는 체하는 사람은 논쟁을 괴로워할 것이다. 그는 굴욕을 당하고 발가벗겨진 느낌이 들어 자신의 주장이 100% 옳고 당신의 생각이 완전히 잘못되었다고 우길지도 모른다.

- 대화를 나누기 시작할 때 뭐든지 아는 체하는 사람에게 안정감을 줄 수 있도록 우선 그의 장점들을 언급하라. 자신이 인정받고 있다고 느끼면 자신의 방패막이인 고집을 내려놓는 것이 한결 수월할 것이다.
- 당신이 뭐든지 아는 체하는 사람과 함께 있으면 어떤 느낌이 드는지 솔직하게 얘기하라. 무시당한 것 같고, 어린아이 취급을 당하는 것 같다고 말하라.
- 앞으로 어떤 관계를 맺고 싶은지 말하라. 동등하고, 같은 눈높이에서, 존중받고 싶다고 말하라.
- 구체적인 개선 방법을 제시하라. 이제부터는 무슨 일을 하기 전에 확실하게 미리 상의를 하고, 대화 시간을 정하고, 대화 규칙(가령 당신이 얘기를 할 때 중간에 자꾸 끼어들지 않았으면 좋겠다 등)을 만들라고 제안하라.
- 이런 변화가 두 사람의 관계에 어떤 변화를 가져올지 이야기하라. 인정받는 기분, 함께 있는 기쁨, 서로의 노하우를 교환해서 얻게 될 이득에 대해 대화를 나눠보자.
- 뭐든지 아는 체하는 사람의 비극은 자신은 좋은 의도로 그런다고 믿는다는 것이다. 그럼에도 불구하고 다른 사람들이 배은망덕하게 등을 돌린다고 생각한다. 그렇기 때문에 상대에게 당신의 관심을 잃을지도 모른다는 두려움을 갖지 않아도 된다는 사실을 분명히 밝혀야 한다. 앞으로 훨씬 더 편안한 관계를 맺을 수 있다고 안심시켜 주어야 한다.

4호선
화를 잘 내는 사람

불안을 분노로 표출하는
경계선 인격 장애

"소리 질러서 미안, 그건 내 본심이 아니야."

용기가 있는 사람은 비분강개하고
두려워하는 사람은 분노하고 화를 낸다.

— 발터 라테나우(Walther Rathenau)

언제 폭발할지 모르는
남자 친구를 둔 여자

거실에서 미하엘이 부르는 소리가 들렸다.

"탄야, 제발 이리 좀 와볼래?"

탄야는 화장을 하다가 멈추고 욕실 거울에 비친 자기 모습을 물끄러미 바라보았다. 미하엘 같은 남자가 약혼자라는 것은 로또에 당첨된 것과 같은 일이라고 그녀는 생각했다. 그는 진지하고 주관이 뚜렷하고 자신이 추구하는 것을 일관성 있게 밀고나가는 남자였다. 절대 찌질한 남자가 아니었다. 그는 말 그대로 그녀를 애지중지 떠받들었다. 주말에 빨간 장미를 선물하고 베개 위에 그녀가 가장 좋아하는 초콜릿을 올려두는 세심한 남자였다. 이렇게 로맨틱한 남자가 어디 흔한가? 미하엘이 그녀에게 사랑한다고, 예쁘다고, 평생 함께하고 싶다고 말하면 탄야는 정말 행복했다. 지금껏 남자한테 이렇게 극진한 대접을 받아본 적이 있었던가.

"제발 이리 좀 와보라니까!"

미하엘은 또다시 불렀다. 그의 말투에는 특별한 어조가 있었다. '제발'에 강세를 두었다. 사실 별 대수롭지 않은 말이었다. 하지만 이 말을 들으면 탄야는 동요했다. 미하엘과 연극 공연을 보러 가기로 한 그녀는 욕실에서 화장을 하던 중이었다. 하지만 미하엘이 부르는 소리에 갑자기 하던 일을 모두 중단했다. 립스틱이 세면대 안으로 떨어지면서 붉은 선 자국을 남겼다. 립스틱 자국이 잘 지워져야 할 텐데. 10분 후에는 출발할 예정이니까!

탄야는 화장을 하다 말고 어깨를 으쓱하면서 지난 몇 시간 동안 자신이 잘못한 게 있나 머릿속으로 떠올려보았다.

그녀는 비가 오는데 비포장도로를 지나 집으로 왔다.

'차에 진흙이 많이 튀었는데 말끔하게 닦이지 않은 모양이네. 좀 더 꼼꼼하게 살펴볼걸. 아니면 오늘 산 치즈가 미하엘이 좋아하는 게 아니었나?'

그녀는 슈퍼마켓에서부터 미하엘이 카망베르 치즈 위에 흰 곰팡이가 있는 걸 좋아하는지 빨간 곰팡이가 있는 걸 좋아하는지 헷갈리고 아리송했다. 미하엘이 분명히 말을 해줬을 텐데 그녀는 벌써 잊어버리고 말았다. 그녀는 가끔 한 귀로 듣고 한 귀로 흘려버리는 경향이 있는데 약혼자가 좋아하는 음식을 기억하는 것이 이토록 어려운 일이란 말인가?

탄야는 요즘 사는 게 너무 힘들다. 예전에는 이렇게 잘못할 수 있는 일이 많다는 사실을 미처 몰랐다. 예전에는 그냥 생각나는 대로 모든 일을 즐겁게 했다. 자신이 저지르는 사소한 실수가 불편한 결과를 초래할 수 있다는 불안감을 느껴본 적이 없었다. 그런데 왜 더 이상 그렇게 살지 못하는 걸까? 조금 전까지만 해도 아무런 문제가 없었다. 미하엘이 요리를 했고 두 사람은 함께 맛있게 식사를 하면서 30분 후에 연극 공연을 보러 가기로 결정했다. 두 사람은 신문에 실린 재밌는 만화를 보고 같이 웃기도 했다. 미하엘은 근본적으로 유머가 넘치는 사람으로 함께 즐거워할 수 있는 일이 너무나 많았다. 두 사람은 커플이 된 지 거의 1년이 됐다. 환상의 커플이라고 탄야는 생각했다. 미하엘은 그녀의 이상형이었다. 주말에 맛있는 요리를 해주고, 지적이고, 알아서 연극 티켓을 예매하고 사랑한다는 말을 자주 해주는 그런 남자. 이제 두 사람은 근사한 집에서 함께 살고 있으며 차도 같이 사용하고 내년에는 결혼도 할 계획이다. 그는 인도양의 휴양지로 가는 신혼여행도 이미 예약해놓았다. 하지만 탄야는 미하엘같이 근사한 남자가 왜 자기처럼 덜렁대는 여자를 좋아하는지 갈수록 의문이었다.

"탄야, 내가 불렀잖아. 제발 복도로 좀 나와봐! 지금 당장!"

"잠깐만 기다려줘, 자기야!"

탄야는 메모리카드 사건을 떠올리고는 식은땀을 흘리기 시작했다. 그녀는 사진이 저장되어 있는 휴대전화 메모리카드를 실수로 노트북의 다른 슬롯에 잘못 끼워 넣어서 뺄 수 없게 만든 적이 있다.

"이렇게 작은 메모리카드가 저렇게 큰 슬롯에 맞지 않는다는 건 어린아이도 알겠다. 안 그래?"

탄야는 핀셋으로 메모리카드를 끄집어내려고 안간힘을 썼다. 하지만 안타깝게도 메모리카드는 옴짝달싹하지 않았고 단 한 가지 방법밖에는 없었다. 바로 노트북을 분해하는 것이었다.

"내가 할게."

그녀가 미하엘한테 말했다.

"미쳤어? 메모리카드를 여기다가 쑤셔 넣은 사람한테 내가 1,000

유로나 주고 산 노트북을 완전히 망가트리라고 드라이버를 손에 쥐어주게!"

탄야는 결국 그의 옆에 가만히 앉아서 미하엘이 투덜거리고 짜증을 내면서 노트북을 분해하는 것을 지켜보았다. 메모리카드가 잘 안 빠져서 미하엘은 주먹으로 탁자를 몇 번 내리치면서 분노를 그대로 드러냈다. 그가 화를 내는 것은 당연했다. 컴맹인 그녀가 하지 말았어야 할 경솔한 행동을 했기 때문이었다. 미하엘에게 그녀와 사는 것은 쉽지 않은 일이리라.

탄야는 이런 상황을 가장 친한 친구 나타샤한테 여러 차례 설명하려고 노력했다. 그럴 때마다 나타샤는 미하엘이 이상한 사람이라며 헤어지라는 말만 반복했다. 탄야는 나타샤가 왜 그런 생각을 하는지 도무지 알 수 없었다. 미하엘이 이상하다니 얼토당토않은 말이었다. 미하엘은 그녀를 떠받들어주었고, 그녀의 모든 단점에도 불구하고 그녀를 사랑해주었다. 다른 남자 같으면 이미 폭발해버렸을 일에도 그는 침착했다. 그녀는 자신이 친구를 잘못 선택했다고 했던 미하엘의 말이 맞을지도 모른다는 생각이 들었다. 그는 우리가 행복하게 잘 지내는 것을 나타샤가 질투하고 있다고 말하곤 했다.

"탄야! 제발!"

'내가 또 뭘 잘못했을까? 뭣 때문에 그가 화내는 걸까? 내 사소한 부주의 때문에 아름다운 저녁 시간을 망치면 어쩌지?'

그녀는 잔뜩 움츠러들어 욕실에서 나왔다. 미하엘은 복도 거울 앞에 서서 넥타이 끝을 손에 쥐고 있었다.

"대체 어떤 망할 놈이 넥타이 매는 법을 이렇게 복잡하게 만든 거야?"

그가 투덜거렸다.

"내가 도와줄까?"

"그래. 네가 안 도와주면 내일까지도 이러고 있어야 할걸."

탄야는 안도의 미소를 지었다. 그의 말이 맞다. 넥타이 매는 법을 만들어낸 사람은 살짝 맛이 간 게 분명하다.

> **"나를 화나게 한 건 바로 너야!"**

무시무시한 초록색 괴물 헐크는 평소에는 이성적이고 지적이고 평화를 사랑하는 과학자 브루스 배너의 또 다른 자아다. 그는 화가 나면 곧바로 근육질의 우락부락한 괴물로 변신해서 닥치는 대로 다 뭉개버린다. 헐크로 변신할 수 있는 능력은 그에게 저주인 동시에 축복이다. 가면을 벗고 마침내 억눌러왔던 공격성을 맘껏 분출할 수 있는 것이다. 헐크가 지나간 자리는 다 쑥대밭이 되어버린다. 하지만 흥분하면 통제력을 상실한다는 것은 끔찍한 일이기도 하다. 내가 더 이상 참지 않으면 이런 짓까지도 할 수 있는 사람이라는 신호를

화를 잘 내는 사람

- ☞ 성급하고 잘 흥분하는 다혈질
- ☞ 사소한 일에도 쉽게 화내는 사람
- ☞ 언제 터질지 모르는 시한폭탄 같은 사람
- ☞ 별일 아닌 일에도 싸움을 거는 사람

{ 첫인상 }
관대하고 포용적이고 진실되고 정직해 보인다.

보내는 것이기 때문이다.

헐크는 내적인 분노의 상징이다. 어린 시절의 트라우마 때문에 해리성 정체감 장애(Dissociative Identity Disorder, 한 사람 안에 둘 또는 그 이상의 각기 구별되는 인격이 존재하는 정신 질환-옮긴이)가 생긴 것이다. 만약 헐크가 정식분석학자 프로이트의 진료실을 찾았다면 그는 열렬히 환영했을 것이다.

당신도 일상생활에서 한두 번쯤은 이런 헐크 같은 사람을 만난 적이 있을 것이다. 신경질적으로 경적을 빵빵 울려대며 좌회전 신호에 불이 켜졌다는 사실을 알리는 뒤차 운전자. 좋은 일에도 안 좋은 일에도 큰소리로 직원을 호출하는 예측 불가능한 사장. 이런 사람들은 희열과 분노의 표출이 종이 한 장 차이이기 때문에 이들을 대하는 것은 마치 화산 위에서 춤을 추는 것처럼 늘 아슬아슬하다. 이렇게 화를 잘 내는 사람은 인내심의 한계를 금방 넘어버린다. 따라서 아주 사소한 것에 대해 보이는 그의 반응이 우리에게는 상당히 과장되게 보인다.

물론 탄야가 메모리카드를 노트북에 있는 아무 슬롯에나 억지로 끼워 넣어서 미하엘이 화가 난 것은 충분히 이해할 수 있다. 하지만 그게 그렇게까지 구박할 만한 일일까? 그녀를 어린아이만도 못하다고 비판할 정도로? 주먹으로 여러 차례 탁자를 내리치며 상대를 불안하게 만들 정도로? 이런 사람을 보면 옆으로 불러 세워 이렇게 말하고 싶을 것이다.

"진정해, 그 정도로 난리 피울 일은 아니잖아. 그런 일은 얼마든지 일어날 수 있어. AS센터에 노트북을 맡겨. 비용은 내가 낼게, 그럼 됐지!"

　미하엘이 여자 친구를 두려움과 공포에 몰아넣어서 얻을 수 있는 것은 무엇일까? 그가 화를 내고 위협하면 여자 친구만 힘든 게 아니라 본인도 힘들어질 것이다. 이처럼 두려움에 토대를 둔 관계는 지속적으로 행복하고 만족스러울 가능성이 지극히 낮다. 남녀 관계에서만이 아니다. 직장, 이웃, 가족 그리고 어떤 관계든지 마찬가지다.

　미하엘은 단지 그 망할 메모리카드 때문에 못 참게 된 것일까? 그것만은 아닐 것이다. 그를 힘들게 하고, 언제든지 곧 폭발할지도 모르게 만드는 감정은 사실은 놀랍게도 자신이 끊임없이 주변에 퍼트리는 바로 그 감정과 동일하다. 바로 불안이다!

불안을 감추기 위해
분노를 표출한다

분노와 불안은 서로 너무나 상반되는 감정이다. 큰소리가 터져 나오고 심사숙고 없이 호통을 치는 것, 이것이 분노를 표현하는 방법이다. 한번 표출하고 나면 돌이키기가 힘들기 때문에 후유증이 크다. 반면에 불안은 어떤가? 이것은 매우 폐쇄적이며 지나칠 정도로 조심스럽게 표현된다. 무슨 일이 일어날지 모르는 두려움 때문에 불안에 떠는 사람은 세상 밖으로 나가기를 주저한다. 그럼에도 불구하고 이 두 가지 감정은 서로 밀접하게 관련되어 있다.

어떻게 보면 두 감정의 관계는 명백해 보인다. 미하엘은 분노에 사로잡혀 길길이 날뛰고, 탄야는 끔찍한 불안에 시달린다. 탄야는 순간순간 그가 화를 내지는 않을까 불안하다 보니 조그마한 실수라도 하지 않으려고 애쓴다. 그러니 그녀는 날마다 조마조마하다. 하지만 미하엘은 그녀와는 정반대로 불안을 표출한다. 그는 불안한 마음을 점점 발전시키고 어느 순간 분노로 표출하는 것이다.

불안과 분노는 생화학 반응도 상당히 비슷하다. 우리 몸은 불안하거나 화가 나면 아드레날린과 코르티솔이 증가하여 경계 태세에 돌입하는 동시에 행복 호르몬인 세로토닌이 감소한다. 따라서 언짢은 기분이 든다. 신체의 반응 역시 비슷하다. 맥박이 빨라지고 입이 바짝 마르고 눈빛이 흔들린다.

인간의 몸은 이렇게 함으로써 불리한 상황을 개선시키려고 노력하는 것이다. 그중에는 적극적인 방법과 소극적인 방법이 있다. 대치와 공격 또는 회피와 도주이다. 고맙게도 우리의 본능은 언제 어떤 전략이 성공 가능성이 높은지 알려준다. 만약 어떤 개가 우리 집 마당에서 볼일을 보는데 개 주인이 그걸 내버려두면 우리는 밖으로 나가서 당장 똥을 치우라며 화를 낼 것이다. 하지만 그 개가 도사견이고 개 줄도 입마개도 없이 우리 집 마당에서 볼일을 본다면 우리는 그냥 집에 가만히 있을 것이다.

그런데 화를 잘 내는 사람에게는 이런 선택 가능성이 존재하지 않는다. 뭔가 마음에 들지 않는 일이 생기면 자매지간인 두 가지 감정 중 단 한 가지, 즉 분노만 선택할 수 있다. 한번 제대로 길길이 날뛰는 것이 은밀히 불안에 떠는 것보다 훨씬 간단하다. 그럼으로써 자신을 훨씬 더 강한 존재로 느끼기도 한다.

화를 잘 내는 사람은 상대방이 불안해하며 더 작아지고 움츠러들수록 자신을 더 막강하게 여긴다. 불같이 화를 내는 사람들은 나르시시즘적인 성향을 두드러지게 갖고 있다. 이런 인격은 전형적으로 '확장된 자아'를 갖고 있다. 자기 자신과 자신의 심리 상태를 다른 사람들에게 확장시키는 것이다. 만약 화를 잘 내는 사람이 자신의 성격을 잘 받아주는 상대를 만나면 바로 그런 일이 일어난다. 그는 일단 서열을 따진다.

'무엇이 잘못됐는지 말하는 사람은 나고, 잘못을 한 사람은 너야. 내가 위, 너는 아래. 나는 강자, 너는 약자.'

그는 이렇게 불안감을 조성함으로써 무의식적으로 자신의 불안이 사라지기를 바란다.

'나는 너를 위협한다, 그러니 너는 불안하다. 나는 너를 불안하게 만들 만큼 용감한 사람이다.'

그는 이렇게 되뇌면서 애써 자신의 불안을 감춘다. 공격이 최선의 방어라는 좌우명을 충실히 따르는 것이다.

불안과 분노가 함께하는
다혈질

사실 화를 잘 내는 사람은 그전부터 자신의 행동을 통해 불안감을 감추기 시작한다. 자신의 삶에서 가능한 한 많은 것을 통제함으로써 안전함을 느낄 수 있기 때문이다.

얼핏 보면 미하엘은 정말 관대해 보인다. 그는 자기 소유의 자동차, 노트북, 집을 기꺼이 탄야와 공유한다. 내년에 결혼을 할 예정이고 신혼여행까지 이미 예약을 마친 상태다. 하지만 그는 이런 관대함을 통해 탄야를 점점 더 자기에게 의존적으로 만들어버린다. 그는 탄야가 몇 킬로미터를 운전했는지, 어떤 인터넷 사이트를 방문했는지 그리고 언제 집에 있는지 확인할 수 있다. 그리고 신혼여행 경비를 이미 지불한 상태에서 탄야가 결혼을 쉽게 거절하지는 못할 거란 사실을 알고 있다. 그리고 자신에 대해 안 좋은 말을 하고 다니는 탄야의 친구 나타샤를 모함한다. 그는 마음 같아서는 탄야가 자기 말고는 사적인 대화를 나누는 사람이 없기를 바라고 실제로 불신을 조장함으로써 그렇게 만들어버린다. 그렇게 함으로써 그녀의 삶에서 일어나는 모든 일을 조망할 수 있게 된다. 탄야는 그에게서 쉽게 벗어나지 못할 것이다.

도대체 미하엘은 왜 이렇게 행동하는 걸까? 간단명료하게 말하자면 미하엘은 탄야가 그에게서 벗어날까 봐 두렵기 때문이다. 그는 언젠가는 버림받을지도 모른다는 불안감을 갖고 있다. 또 그는 뭔가 사소한 문제만 생겨도 자신이 통제하고 있는 세상이 위협받는다고 생각한다. 가령 자동차에 진흙이 조금 튀어도 불안해지고 그것이 곧장 분노로 바뀐다. 그는 탄야가 두려움을 느낄 때까지 길길이 날뛴다. 때로는 사과를 하거나 별일이 아니라고 변명하기도 한다.

"나랑 사귀는 사람은 좀 무던해야 해. 네가 어떻게 느낄지 모르지만 방금 화를 낸 건 내 본심은 아니야. 내 성격이 원래 좀 그렇잖아."

조금 전에 잔뜩 깔아뭉개진 사람이라면 이 말에 토를 달 만큼 간이 크지 않을 것이다. 그저 이 사람이 다시 평온해지기만을 바랄 것이다.

범죄 사건에서도 이런 구도를 드물지 않게 볼 수 있다. 폭행의 희생자가 자신의 가해자를 두둔하고 사건의 원인을 자신이 제공했다고 말하기도 한다. 자신의 잘못이나 실수 때문에 상대방이 폭행을 하게 되었다고 주장하는 피해자도 적지 않다. 이쯤 되면 화를 잘 내는 사람은 자신의 목적을 달성한 것이나 다름없다. 피해자가 이렇게 생각하는 한, 가해자는 피해자에게 절대적인 통제권을 쥐고 있는 것이다. 하지만 그들의 입맛에 딱딱 맞출 수 있는 사람이 과연 있을까? 정말 그의 비위를 거스르지 않도록 노력하고 실수하지 않도록 조심하기만 하면 괜찮은 걸까? 아니면 미리미리 상대방이 나에게 원하는 일만 하면서 순종하면 괜찮을까? 이렇게 하면 아무리 심한 다혈질 성격의 사람이라도 부드럽게 누그러트릴 수 있을까?

뭔가가 조금이라도 잘못됐을 때 심한 불쾌감을 느끼고, 누군가의 마음이 진심인지 불안해하는 것은 아마도 경계선 인격 장애 때문일 것이다. 앞에서 살펴봤듯 경계선 인격 장애를 가진 사람들에게는 오직 흑과 백, 선과 악, 사랑과 증오만 존재한다. 그들에게 중간이란 없다. 그렇기 때문에 화를 잘 내는 사람의 입맛을 일일이 맞추려면 100% 완벽한 사람이 돼야 한다. 항상 유쾌한 기분으로 마치 갓 샤워를 마친 사람처럼 상대방의 소원을 언제든 들어줄 것처럼 대해야 한다. 말대꾸를 하거나 약속을 잊어버리거나 그 사람이 좋아하지도 않는 카망베르 치즈를 사 가면 안 된다.

'갑자기' 임신을 했다는 이유로 젊은 여사원에게 버럭 소리를 지르는 다혈질 사장은 사실 그 여사원의 임신 사실 자체에 화를 내는 것이 아니다. 그는 직원들이 어떤 이유에서든지 간에 한동안 자리를 비워야 한다는 사실에 화를 낸 것이다. 그는 다음과 같은 생각을 갖고 있다.

'내가 돈을 주는 사람은 내가 지시한 일을 군소리 없이 아주 열심히 해야 할 의무가 있잖아. 내 생각에 반해서 행동하는 사람은 나 또는 회사를 해치려는 사람이야.'

이 생각의 뿌리에는 과도한 압박이라는 열매가 달려 있다.

'내가 정말로 이렇게 많은 사람들을 잘 이끌고 갈 수 있을까? 내가 거느린 직원들이 언젠가 나의 약점을 알아차리고 나를 이용해먹으면 어떡하지?'

바로 이런 생각 말이다. 그렇기 때문에 그의 지도력에 조금이라도 흠집을 내는 일은 뭐가 됐든 위험으로 간주된다. 승진, 임금 인상, 휴가 신청 그리고 초과근무를 두고 벌어지는 모든 갈등은 그의 무능함을 드러내는 요인이 될 수 있기 때문에 그는 무조건 크게 화를 내고 고래고래 소리를 지르고 책상을 내려친다. 그러면 당분간 그런 요구를 하러 그의 사무실에 찾아오는 직원은 없을 것이다.

예측 불가능한 사장 때문에 회사 분위기가 안 좋으면 회사의 생산성이 떨어진다는 사실이 증명되었음에도 회사의 임원들 중에는 여전히 이런 다혈질 인간 유형이 비교적 많은 자리를 차지하고 있다. 실제로 그들의 '당근과 채찍' 전략은 단기적으로 높은 성과를 올리는 데 기여하기도 한다. 직원들이 이해심 많은 상사보다는 화를 잘 내는 상사의 지시를 우선순위에 두기 때문이다. 따라서 목소리가 큰 사람이 유감스럽게도 더 빨리 목적지에 도달한다. 그런 상사가 담당하는 부서 직원들의 발병률이 다른 부서보다 유독 높은 것이 반드시 그 상사의 독설 때문이라는 법은 없으니까…….

모든 화를 잘 내는 사람들은 제각각 자신이 민감해하는 주제들이 있게 마련이다. 그것은 외모, 돈, 혹은 건강 내지는 학력, 정치 성향 등 다양하다. 그 사람이 싫어하는 주제는 아예 입 밖으로 꺼내지 않는 것이 좋다. 그렇지 않으면 살얼음판을 걷게 될 것이다!

미하엘 역시 비슷하다. 그는 약혼녀가 자신에 대해 안 좋은 얘기를 하는 친구를 만날 때마다 신경이 쓰여서 화를 냈다. 그러다가 두 사람은 이제 그 친구의 이름을 아예 입에 올리지 않게 되었다. 미하엘이 그 친구 얘기만 나와도 격분하기 때문이다. 탄야는 나타샤에게 전화할 일이 생기면 미하엘이 집에 들어오기 전에 얼른 했다. 그렇지 않으면 또 무슨 이야기를 나눴는지 꼬치꼬치 캐묻기 때문이다. 탄야가 그의 요구와 생각을 따라줄 때에만 그는 그녀가 자신을 진심으로 사랑한다고 믿는다.

과연 탄야와 미하엘의 관계는 개선될 수 있을까?

화를 잘 내는 사람 대처법

실제로 화를 잘 내는 사람과 아주 잘 지내고 행복해하는 사람도 있다. 상대가 불같이 화를 낼 때 접시가 좀 깨지는 한이 있어도 성공적으로 대응하기 때문이다. 또는 상대의 분노는 자신과는 직접적인 관련이 없다고 치부해버리기 때문이다. 이런 사람들은 여간해서는 두려워하거나 기죽지 않는다. 그들의 건강한 자의식에 찬사를 보낸다!

그렇지만 대부분의 사람들은 상대가 화를 내며 공격하면 완전히 저항하지 못한다. 그래서 회사에서는 다혈질의 여자 상사가 아무리 화를 내도 자신이 일을 잘못한 게 아니라면 아무렇지 않게 대할 수 있지만 집에 돌아와서는 여자 친구가 지난 일을 끄집어내서 질투하고 화를 내면 어깨가 움츠러드는 것이다.

화를 잘 내는 사람은 우리의 약점, 이미 오래전부터 상처가 나 있던 어떤 부분을 건드린다. 목소리가 크고 자기 마음대로 하려는 사람의 눈에는 귀신같이 그 약점이 드러나는 법이다.

구체적으로 설명하기 위해 너무나 유명한 프로이트와 그의 인간 심리 구조 이론을 다시 떠올려보자. 우리의 자아는 원초아(우리의 욕구)와 초자아(우리의 양심) 사이에서 끊임없이 갈등한다. 자신의 욕구를 인지하고, 그 욕구에 반대하는 이유와 조화시키는 것이 가장 이상적이다. 우리의 '원초아'는 초콜릿이 먹고 싶지만 '초자아'는 초콜릿의 칼로리 함량에 대해 걱정한다. 이때 우리가 맛있는 초콜릿을 먹을 것인지 참을 것인지 결정하는 것은 '자아'다.

화를 잘 내는 사람은 상대방의 '초자아'를 점유하려고 한다. 그는 자신의 엄격한 규칙을 강요함으로써 당신의 행동을 통제하려고 한다. 그의 성공 여부는 당신이 평소에 명령과 금지에 어떻게 반응했느냐에 달려 있다. 어차피 당신이 끊임없는 의심과 처벌에 대한 두려움 때문에 자신의 욕구를 채우지 못하는 모습을 보였다면 당신은 화를 잘 내는 사람의 손쉬운 먹잇감이 된다.

다시 탄야의 사례로 돌아가보자.

탄야는 미하엘이 무리한 요구를 한다고 느끼지 않는다. 오히려 그 반대다. 매사 서투르고 우유부단한 탄야는 주관이 뚜렷하고 물정에 밝아 그녀를 이끄는 미하엘의 바로 그런 점을 좋아한다. 세상에는 실수를 해서 그르칠 수 있는 일들이 너무나 많다. 미숙한 그녀에게는 세상 물정에 밝은 누군가가 필요한 것이다. 탄야는 상당히 약한 '자아'를 가지고 있어서 '초자아'에게 결정을 미루어버린다. 그때 미하엘은 기꺼이 개입한다.

만약 탄야가 자신이 원하는 것을 분명히 알고, 실수에 대한 두려움이 없는 강한 '자아'를 지닌 여성이었다면 그녀는 미하엘의 계속되는 비난과 지시를 무시하거나 심지어 반발했을 것이다. 그리고 만약 그랬다면 절대 미하엘의 관심을 불러일으키지 않았을 것이다. 화를 잘 내는 사람들이 건강한 자아상을 가진 파트너를 고르는 경우는 지극히 드물다.

만약 화를 잘 내는 사람이 연인이라면 헤어지는 것으로 문제를 해결할 수 있지만 직장 동료이거나 상사라면 어떻게 대해야 할까? 그냥 폭풍우가 지나가기를 가만히 기다리면서 침묵으로 일관해야 할까? 1970년대에 범죄심리학자들은 실제로 폭행 피해자들에게 방어하지 말고, 소리 지르지 말라고 조언했다. 심지어는 '그러지 말라'는 말조차 하지 말라고 충고했다. 그래야만 피해를 최소화할 수 있다고 판단했던 것이다.

그런데 이것은 잘못된 충고다. 이런 수동적인 자세는 공격자로 하여금 더 심하게 해도 된다는 잘못된 신호를 보낼 수 있기 때문이다. 오늘날에는 그런 공격을 당할 경우 가능한 한 큰 목소리로 도움을 요청하고 온 힘을 다해서 방어하라고 가르친다. 그러면 범인은 피해자를 두고 그냥 도망쳐버리는 경우도 생긴다.

어떻게 효과적이고 확실하게 자신을 방어할 수 있을까? 불쑥 화를 잘 내는 상대에게 그의 잘못된 행동을 지적하고, 그 사람의 불안과 분노의 근본적인 원인을 극복할 수 있도록 도와주는 것이 가장 좋지 않을까? 유감스럽게도 이런 기대는 비현실적이다. 화를 잘 내는 사람은 자신의 행동이 아주 적절하다고 생각하기 때문에, 그의 행동을 비판하면 위협적으로 받아들이고 더욱더 화를 내며 폭발할 것이다.

다른 모든 이상한 사람의 유형과 마찬가지로 여기서도 똑같이 적용된다. 당신은 그 사람을 변화시킬 수 없다. 노벨평화상을 받겠다는 야망으로 덤벼도 그 사람을 온화한 사람으로 변화시킬 수 없다. 그 사람을 바꾸려는 생각은 버려야 한다. 하지만 당신이 강해진다면 그 사람이 공격해도 피해를 줄일 수는 있다.

행동 치료의 시작은 늘 이렇다. 두려움이 자리한 그곳으로 가라! 당신의 약점에 맞서라. 당신 자신을 잘 관찰하라. 화를 잘 내는 사람이 어떤 상황에서 당신을 불안과 공포로 몰아넣는 데 성공하는가? 당신은 언제 자신의 존재와 능력에 대해 의심을 품기 시작하는가? 혹시 예전에는 아주 수월하게 해내던 일인데 이제는 어려워서 못 하겠다는 생각이 드는 것이 있는가?

자신의 자의식을 보수해야 하는 일이 때로는 대형공사가 되기도 한다. 그렇기 때문에 마음 놓고 전문가의 도움을 받아도 된다. 어떤 경우에는 행동 패턴이나 사고의 오류를 아주 조금만 수정하면 더 이상 쉽게 불안감에 휩싸이지 않게 된다. 심리 영역에서 자기방어를 할 수 있는 훈련을 충분히 하라. 치료, 코칭 또는 당신이 신뢰하는 사람과의 대화 등 어떤 방법이든 상관없다. 화를 잘 내는 사람이 당신을 즐겨 공격하는 바로 그 부분을 강화시켜라. 고립되지 말고 당신에게 안정감을 주는 사람들의 지지를 구하라.

그런 다음에 당당하게 링에서 내려와라!

우리는 이미 알고 있다. 화를 잘 내는 사람은 당신의 자율성을 제한시키려는 경향이 있다. 그렇게 하면 당신을 더 잘 조종할 수 있다고 생각하기 때문이다. 그가 조망할 수 없거나 그가 잘 알지 못하는 모든 것은 그에게 불안감을 야기한다. 그는 자기 영역 안에 있을 때 가장 편안함을 느낀다. 그는 자신의 전투장에 둘러싸여 있고 싶어 한다. 사장들은 보통 자기 사무실 안에서 가장 큰소리를 내고, 남녀 사이의 폭력은 가장 익숙한 집 안에서 벌어진다. 경기 규칙도 그 사람이 정한다. 언제 어떻게 어디서 그리고 왜 누구를 괴롭힐지는 오직 그 사람이 정한다. 그런 사람에게 어떻게 대응해야겠는가? 우선 그의 요구에 응해주면 안 된다. 당신은 그의 공격을 피함으로써 다음과 같은 신호를 줄 수 있다.

'그런 식으로 나오면 더 이상 대응하지 않겠다.'

그 대신 어떤 조건에서 다시 대화를 나눌지를 당신이 정해라. 예를 들어 화를 잘 내는 사람이 별로 익숙하지 않은 장소를 고르거나 그 사람이 방심하고 있는 순간을 노려라. 그런 다음에 폭력이 배제된 대화 규칙을 따라야 한다.

화를 잘 내는 사람과 대화할 때 유의할 점

- 지금 당신이 느끼는 감정을 분명하게 말해라.

"미하엘, 나는 그 노트북 사건 이후에 기분이 너무 안 좋았어.

내가 또 실수를 해서 당신이 화를 낼까 봐 너무 무서웠어."
- 그가 화를 내게 된 근본적인 사안에 대한 이해심을 보여줘라.
"내가 경솔하게 메모리카드를 엉뚱한 슬롯에 억지로 끼워 넣어서 노트북에 손상을 입힌 건 정말 미안해."
- 그에게 피해를 입히려고 한 일이 아니라는 점을 분명히 하라.
"나는 컴퓨터와 관련된 일에는 정말 젬병이고 도통 모르겠어. 내가 취약한 분야야. 내가 일부러 그랬거나 당신의 물건을 소중히 여기지 않아서 그런 게 아니라는 건 분명히 알아줬으면 좋겠어."
- 난처한 상황을 어떻게 극복할지 제안하라.
"내가 내일 노트북을 들고 가서 AS센터에 맡길게. 그리고 다시는 그런 일이 일어나지 않도록 내 노트북을 따로 구입하는 게 좋겠어."
- 당신이 어떻게 대해줬으면 좋겠는지 분명하게 말하라.
"미하엘, 나는 성인이야. 나도 책임감이 있는 어른이라고. 물론 내가 실수를 한 건 사실이지만 어린아이처럼 벌을 받거나 꾸지람을 듣고 싶지는 않아. 앞으로 이런 부분은 존중해줬으면 좋겠어."
- 그와 계속 관계를 유지하고 싶다는 점을 분명히 하라.
"당신은 내가 사랑하고 결혼하고 싶은 남자야. 우리 둘 중 누가 실수를 해도 잘 해결해나가는 사이가 됐으면 좋겠어."

이렇게 해서 미하엘이 변할지는 장기적으로 두고 볼 일이다. 하지만 탄야는 이제 더 이상 미하엘 때문에 불안감을 느끼지 않기로 결심했다. 그녀는 자신의 장점과 단점을 포함해서 있는 그대로의 모습으로 인정받고 싶다. 미하엘이 그렇게 할 수 있으면 두 사람의 관계는 더 발전할 수도 있을 것이다. 하지만 그가 변하지 않는다면 탄야는 생각을 해봐야 한다.

'계속 이런 관계를 유지해나갈 것인가? 내가 상처를 입지 않고 그의 분노를 계속 받아줄 수 있을 만큼 강한가? 그러다 보면 나도 언젠가는 무뎌져서 아무렇지도 않을 수 있지 않을까?'

화를 잘 내는 사람이 하루 종일 고래고래 소리를 지르고 길길이 날뛰든 말든 상관없다. 당신이 개의치 않으면 그의 비난은 소용이 없다. 아주 심각한 경우에는 당신 앞에서 길길이 날뛰는 사람은 그냥 멍청하고 단순한 거대한 초록색 괴물 헐크라고 생각해라. 그러면 그는 더 이상 당신의 신경을 짓밟지 못할 것이다. 무시무시한 변신이 끝나고 나면 작고 창백하고 완전히 불안에 사로잡힌 사람이 당신 앞에 서 있을 것이다. 당신이 그를 두려워하는 것보다 그가 당신을 훨씬 더 두려워한다는 것만 알면 된다.

5호선
치근덕거리는 사람

상대방을 불편하게 만드는 거짓 연대

"내가 얼마나 멋진 사람인지 알면 너도 날 좋아하게 될 거야."

일정한 거리를 유지하는 것이
문화의 비밀이다.

— 조지 버나드 쇼(George Bernard Shaw)

친한 척하며 다가오는
여자 상사

외르크는 박람회장에서 그녀가 그의 팔에 손을 올려놓은 순간을 아직 또렷하게 기억하고 있다. 너무나 이상하고 소름이 끼쳤기 때문이다. 두 사람은 7번 전시장에서 3번 전시장으로 이동하는 중이었는데, 얼마 시간이 남지 않은 상황에서 인파를 뚫고 1km 정도를 걸어가야 했다. 3번 전시장에 좀 곤란한 상황에 처한 약속이 잡혀 있어 매우 긴박하고 긴장된 상황이었다. 고객 중 한 명이 그들을 성공 사례 발표 행사에 초대했는데, 대금 지급 약속을 자주 어겨 그 고객과 거래를 끊어야 하는 상황이었다. 스트레스가 머리 꼭대기까지 차서 동료 간에 친밀감 따위를 표현할 만한 적절한 순간이 절대 아니었다. 그런데 카타리나는 마치 오랜 친구를 대하듯 외르크의 팔에 손을 올렸다.

실수는 아니었다. 그러기에는 접촉이 너무 길었다. 외르크의 눈에 정성껏 매니큐어를 칠한 그녀의 손톱, 결혼반지 그리고 손에 난 검버섯까지 적나라하게 보였다. 그녀는 그 정도로 그의 얼굴에 바짝 다가와 있었다. 5번과 4번 전시장 사이에서 그녀가 혹시 추파를 던지는 건 아닐까 의심했던 것까지 뚜렷이 기억난다. 하지만 그건 사실 상상할 수도 없는 일이었다. 혹시 그가 실수로 잘못된 신호를 보낸 건 아닐까? 이번 달 초부터 두 사람은 한 사무실을 같이 사용하고 있었기 때문에 어쩔 수 없이 마주치는 일이 많았다. 하지만 외르크는 그녀가 자신에게 과도하게 친한 척할 만한 빌미를 준 기억이 없었다. 박람회장에서는 이와 유사한 일이 한두 번 더 있었다. 저녁 식사 때 카타리나는 조금 더 들이대며 그와 같은 메뉴를 주문했다. 그리고 집으로 돌아오는 기차 안에서 그녀는 알고 싶지도 않은 개인적인 얘기를 늘어놓았다. 집짓기, 아이들 그리고 돌봐야 하는 어머니 얘기까지.

"내가 어떻게 하면 좋을까요? 외르크 씨 집에도 이런 문제들이 있나요?"

그는 별다른 말을 하지 않았고 머릿속으로 지금 뭐 하는 건지 계속 의문이 들었다.

'대체 나한테 왜 이러는 거지?'

그녀는 그보다 직급이 더 높았고 회사도 더 오래 다녔으며 계약직인 그를 정규직으로 채용하는 데 영향력을 행사할 수 있는 권한이 있었다. 그래서 그는 그녀에게 잘 보여야 했다.

'혹시 이 점을 이용하는 걸까?'

이 얘기를 전해 들은 외르크의 여자 친구 니나는 배꼽을 잡고 웃었다.

"열다섯 살이나 많은 여자 상사의 추파라니, 정말 낭만적인걸!"

하지만 외르크는 전혀 웃을 기분이 아니었다. 박람회가 끝나면 이 꺼림칙한 일도 끝나기만을 바랐다.

"생일 축하해요!"

다음 주 월요일 카타리나가 그에게 축하 인사를 건넸다. 그가 생일이 언제인지 알려준 적이 있었던가? 그녀는 활짝 미소를 지으며 선물을 내밀었다.

"내가 직접 만들었어요!"

박람회가 있던 날 저녁 레스토랑에서 함께 찍은 사진을 넣은 액자였다. 사진에는 다른 직원들도 있었지만 정중앙에 카타리나와 외르크가 사진을 찍는 사람을 향해 레드 와인 잔을 들고 건배하는 장면이 눈에 띄었다. 사진만 보면 두 사람이 마치 이 세상에서 둘도 없이 친한 친구라는 생각이 들 정도였다. 외르크는 정중하게 액자를 꽃다발 옆에 내려놓았다. 꽃다발 역시 그의 책상 위에 올려놓은 모양이었다.

"니나 씨한테는 무슨 선물 받았어?"

여자 상사가 호기심 가득한 눈빛으로 물었다.

'언제부터 나한테 친근하게 말을 놨지? 그리고 내 여자 친구 이름은 어떻게 알았을까?'

"우리 언제 넷이 한 번 같이 보자. 남편이 내가 회사에서 어떤 사람들하고 하루 종일 같이 일하는지 궁금해하거든."

외르크는 하루 종일 찜찜한 기분을 떨칠 수가 없었다. 그리고 그녀가 책상 너머로 흘깃 쳐다볼 때마다 움찔했다.

'혹시 외로워서 저러는 걸까? 하지만 남편하고 애들도 있고 친구도 있을 것 아닌가. 카타리나는 사람들을 좋아하니까.'

만약 회사 내에서 인기투표를 한다면 카타리나가 가장 유력한 우승 후보였다. 외르크는 다시 한 번 생각했다.

'그래. 고루한 남자 상사한테 시달리는 것보다 친절하고 상냥한 여자 상사가 더 낫겠지? 그래. 나한테 뭔가 문제가 있는 게 분명해. 틀림없어.'

니나는 외르크에게 감정과 관련된 일에 마음의 문을 너무 꼭 닫지는 말라고 충고하곤 했다. 외르크는 사람들이 너무 가까이 다가오는 것을 싫어하는 자기 자신에게 문제가 있을지도 모른다고 생각했다. 하지만 그러면서도 왠지 불편했다.

'그래도 어느 정도 가까이 다가가도 되는지 내 의향을 물어봐주면 안 되는 건가? 내가 너무 많이 바라는 것일까? 계속 이런 식으로 나오면 어떡하지?'

그녀가 선을 넘으면 넘을수록 외르크는 점점 더 움츠러든다.

"이렇게 멋진 날 어떻게 안 좋아하겠어"

당신은 여기서 누가 이상한 사람이고 누가 누구를 괴롭히는지 즉각적으로 판단할 수 있는가? 한 사무실에서 일하는 사람과 가깝게 지내는 것을 완강하게 거부하고 상대를 그렇게 이상한 여자로 몰고 가

치근덕거리는 사람

☞ 일정한 거리를 유지하지 않고 들이대는 사람
☞ 과도하게 신체 접촉을 시도하는 사람
☞ 성차별적인 발언을 하는 사람
☞ 분명 친하지 않은데 친한 척하는 사람

 { 첫인상 }
대화를 즐기고, 호탕하고, 마음이 열려 있는 호감 가는 사람으로 보인다.

는 외르크가 이상한 사람일까? 아니면 거부감을 드러내는 것을 무시하고 계속해서 불쌍한 부하 직원과 가까워지려는 카타리나가 이상한 사람일까?

누구를 가해자 또는 피해자로 규정할지는 아마도 보는 시각에 따라 다르겠지만, 이 장의 제목이 이미 힌트를 제공하고 있다. 우리는 이 장에서 너무 치근덕거리는 사람을 다루려고 한다. 본인이 너무 지나치게 들이댄다는 것을 눈치채지 못하는 사람들. 그리하여 참거나 거절할 수밖에 없는 이웃, 직장 동료, 친구 또는 지인들 말이다. 참거나 거절하는 것, 둘 다 참 난감한 일이다.

이런 문제가 심각해지면 '성희롱'이 될 수도 있다. 친근감의 표시라며 직원들에게 끊임없이 스킨십을 시도하는 사장이 가장 위험하다. 신체 접촉뿐 아니라 언어로 하는 성희롱도 있을 수 있다. 가령 칭찬을 한답시고 성적으로 모욕하는 멘트를 하는 경우가 있다.

"새로 산 블라우스가 정말 예쁘네요. 단추를 하나 더 풀면 진짜 예쁠 텐데."

치근덕거리는 사람이 상대방에게 끼치는 가장 안 좋은 영향은 그 사람이 자기 자신을 의심하게 만드는 것이다.

'내가 잘못된 신호를 보낸 걸까? 내가 너무 융통성이 없는 걸까? 내가 별일도 아닌 걸 부풀려 생각하는 건 아닐까? 이런 내 생각을 남들이 알게 된다면 비웃는 건 아닐까?'

이렇게 생각하기까지는 불안도 큰 역할을 한다. 더 이상 가만히 있지 않을 때 무슨 일이 생길지 불안하기 때문이다. 이런 문제는 주로 직장 내, 조직 내에 상하 관계에서 일어나는 경우가 많기 때문이다.

  선생님이 시험 성적이 안 좋은 이유를 물으면서 여학생의 어깨 위에 손을 올린다. 여학생은 선생님이 어깨 위에 올린 손을 그냥 뿌리칠 수 있을까? 외르크가 카타리나가 선물한 액자를 돌려주며 앞으로 이런 선물은 하지 않으면 좋겠다고 단도직입적으로 얘기하면 그는 정규직이 될 수 있을까? 이것은 마치 두 사람이 춤을 출 때 한 사람이 리드하고 다른 한 사람이 따라가는 경우와 비슷하다. 한 사람이 발을 앞으로 내밀면 다른 사람은 어쩔 수 없이 발을 뒤로 빼야 한다. 같이 발을 내밀었다가는 발에 통증만 남을 뿐이다.

사람과 사람 사이의 적당한 거리

'너무 가깝다'의 정의는 법에 명시되어 있지 않다. 문화에 따라 다를 뿐이다. 이를 관찰하고 연구하는 학문을 근접학(Proxemics)이라고 부른다. 근접학은 심리학적인 측면뿐만 아니라 커뮤니케이션학적인 측면도 포함되어 있는데 사람과 사람 사이에 필요한 공간에 대해 연구한 학문이다.

  근접학에서 적합하다고 제시하는 사람 사이의 물리적 거리는 다음과 같다.

공적 거리: 360cm 이상

우리는 외부 활동을 하면서(사람들이 빽빽하게 많은 인도 위에서 걸어 다니는 것이 아니라면) 자동적으로 최소한 반경 3m 반 정도의 거리를 유지한다. 누군가 외부의 영향 없이 우리에게 한 걸음이라도 더 다가오면 우리는 주의를 한다. 우리는 그 사람이 그냥 길을 물어보려는 것인지 아니면 몽둥이로 머리를 내리치려는 것인지 재빨리 상대의 표정과 몸짓을 통해 확인한다.

사회적 거리: 120cm에서 360cm 사이

우리는 별 친분이 없는 사람과 직접 대면해야 하는 공적인 자리(예를 들어 회의나 면접 또는 쇼핑이나 관공서 방문)에서 상대방에게 팔 길이 두 배만큼에 해당하는 거리 이상은 접근하지 않는다. 이보다 더 가까이 다가가면 부담스럽게 느끼고 심지어 위협적으로 인식한다.

개인적 거리: 50cm에서 120cm 사이

서로 잘 알고 오랫동안 알고 지내는 사이고 자주 만나게 되면 말 그대로 가깝게 지내게 된다. 함께 프로젝트를 진행하며 어깨너머로 보는 직장 동료들은 거리가 50cm까지 가까워진다. 또 공통의 관심사를 가진 사람들끼리도 조금 더 가깝게 다가간다. 이들이 안전한 거리를 넘어선다고 해도 우리의 사적인 영역까지 침해하지는 않을 거라는 신뢰가 있기 때문이다.

친밀한 거리: 50cm 이하

우리는 아주 친밀하게 지내는 사람에게만 이 정도의 접근을 허용한다. 애인 또는 배우자, 가족, 절친한 친구들이 여기에 해당된다. 우리는 이들과 다른 사람들이 들으면 안 되는 사적인 얘기도 나누기 때문에 아주 가깝게 다가오는 것을 허용한다. 우리는 안면만 있고 친하지 않은 사람이 이 정도로 가까이 다가오면 불쾌감을 느끼고 도망치게 된다.[16]

물론 우리들 중에 늘 주머니에 줄자를 넣고 다니면서 상대방과의 거리를 정확하게 측정하는 사람은 없다. 하지만 적당하다고 생각되는 거리보다 더 가까이 다가오는 상대가 있다면 그 거리를 대략 짐작해보자. 그 상대가 여러 차례에 걸쳐서 지속적으로 매우 가까이 다가왔다면 당신이 불쾌감을 느끼는 것은 당연하다.

우리는 사회생활을 하면서도 암묵적인 규칙에 따라 신체 접촉의 정도, 대화의 주제, 표정 등을 정한다. 그에 의하면 친하지도 않은 사람의 팔에 손을 대는 행동은 지나치며, 너무 사적인 대화에는 대답할 필요가 없으며, 상대의 눈을 너무 오랫동안 뚫어지게 쳐다보는 것 역시 예의에 어긋난다.

원치 않는 상황에 누군가 이런 식으로 다가오면 불쾌함 감정이 들기 때문이다. 따라서 상대방이 나를 만지고 꼬치꼬치 캐묻고 평가하도록 내버려둘 수 없다면 치근덕거리는 사람에게 단도직입적으로 그러지 말라고 얘기해야 한다. 문제는 상대방이 이를 모욕적인 거절로 받아들일 수 있다는 것이다.

자신의 역할에 대한 불안감에서 비롯된 역할 놀이

그렇다면 이들은 왜 다른 사람에게 지나치게 치근덕거리는 것일까? 이들의 가장 큰 문제는 자신의 역할에 부담스러워한다는 점이다. 있지도 않은 친밀함과 우정을 조장하려는 모든 수작은 근본적으로 불안감에 토대를 두고 있다. 물론 이들은 자신의 문제를 의식하지 못한다. 오히려 모든 사람들과 가까이 지내기 때문에 자기 위치에서 잘 해내고 있다고 생각한다. 하지만 실제로 이들은 불안이라는 깊은 협곡을 지나 다른 사람들에게 나아가기 위해 거짓 연대감을 이용할 뿐이다. 이때 겉으로 드러나는 자신의 모습과 본심 사이에 엄청난 괴리가 있다는 사실을 아무도 눈치채면 안 된다.

이들은 자아상을 지키기 위해 일종의 역할극으로 도피하는데, 이 연극의 주인공은 자신이 맡아야 하며 주변 사람들은 당연히 조연을 맡게 된다.

예를 들어 카타리나는 지금 자신이 처해 있는 상황이 너무나 부담스럽다. 회사에서는 높은 직책을 맡고 있고 집에서는 여러 문제를 도맡아 처리해야 한다. 그녀는 부모에게 배운 보수적인 여자의 역할을 수용했기 때문에 아내이자 엄마로서의 역할에 안정감을 느낀다. 그래서 젊은 동료들을 대할 때에도 아내나 엄마의 역할을 하게 된다. 그녀는 젊은 동료들에게 마치 엄마처럼 굴고, 사적인 문제를 의논하고, 사람이 많은 곳을 지나갈 때 손을 잡고 선물을 주면서 호감을 표현한다. 그녀가 이렇게 하는 이유는 외르크같이 젊고 학력이 높으며 야망도 있는 남자가 자신을 상사로 받아들일 거라고는 절대로 상상할 수 없기 때문이다. 본인 자신도 아직 그 사실을 받아들이지 못하고 있다.

카타리나는 자신이 그렇게 행동함으로써 외르크의 위치를 '어린 아들'로 제한시키고 있다는 사실을 깨닫지 못한다. 그녀 자신도 모르는 사이에 무의식에서는 이런 생각의 패턴이 작동하는 것이다.

'내가 얼마나 멋진 엄마인지 알게 되면 우리는 아주 잘 지내게 될 거야.'

이렇게 강요된 역할극은 다른 분야에서도 적용된다. 자신을 매력적인 남자라 생각하는 사장은 여직원을 여성적인 매력에 국한시켜 바라본다. 자신이 여성을 일적으로 동등한 파트너로 생각하지 못한다는 것을 감추다 보니 결과적으로 여직원의 여성적인 면을 강조하게 되는 것이다. 동호회 활동에서 인정받고 있는 문화 행사 주관자가 유명한 음악가와의 친분을 자랑하는 것도 같은 맥락이다. 그는 이 분야에서 자기보다 더 성공한 사람들을 대하는 게 불안하다는 걸 감추기 위해 일부러 그에게 친한 척하는 것이다.

치근덕거리는 사람의 인간관계에는 항상 이 원칙이 깔려 있다. 무슨 경기를 할지는 상대가 아닌 자신이 정해야 한다. 아무도 자신이 경기 규칙을 제대로 모른다는 사실을 눈치채면 안 된다. 그리고 주변 인물들은 모두 자신의 말을 잘 따라야 한다. 만약 따르지 않는 사람이 나온다면 그가 자신을 압도하는 인물로 급부상할지도 모른다. 그렇게 되면 자신의 위치가 흔들리고 자격 미달이라는 사실이 드러날지도 모르기 때문이다.

이런 우려가 절대적으로 맞지 않을 수도 있다. 카타리나는 어쩌면 정말로 유능한 상사일지도 모른다. 중요한 것은 그녀가 스스로의 가치를 떨어뜨리고 있다는 것이다. 커리어 우먼으로서의 높은 가치를 슈퍼 맘의 역할 속에 파묻어버리면서 스스로는 그것을 의식조차 못 하는 것이 문제이다.

그런데 과연 이런 사람을 비난해도 되는 걸까? 물론이다. 하지만 늘 그렇듯 어떻게 말하느냐가 관건이다. 다행히도 전면 공격 말고도 몇 가지 다른 대안이 있다.

뒤로 물러서는 건
해결책이 아니다

외르크의 상황은 정말 안타깝다. 그는 매일매일 여자 상사의 치근덕거리는 행동에 괴로워하면서도 자신한테 문제가 있는 건 아닌지를 고민하고 있다. 그도 그럴 것이 다른 사람들은 카타리나와 아무 문제없이 잘 지내고 있기 때문이다. 그런데 혹시 정말 그에게도 문제가 있는 것은 아닐까? 상사와 잘 지내면 회사 분위기도 좋아지고 정규직으로 발탁될 가능성도 커지는데 왜 그는 그렇게 거북스러워하는 걸까? 카타리나가 그를 물거나 해치는 것도 아닌데 말이다.

실제로 인간관계에서 확실히 선을 긋지 못하는 사람들은 치근덕거리는 사람의 행동에 상당히 예민하게 반응한다. 그들은 상식이나 문화적 통념으로 대인 관계가 저절로 조정되기를 바란다. 만약 누군가 이 기준을 어기면 몹시도 당황한다. 그래서 그들은 후퇴하는 방법을 택한다. 늘 피해 다니고, 무반응과 무관심으로 일관하고, 반응을 하더라도 단답형으로 끝내면 언젠가는 관심이 없다는 것을 깨달을 거라고 짐작한다. 하지만 천만의 말씀이다. 이런 수동적인 거부는 정반대의 결과를 불러올 수 있다. 치근덕거리는 사람은 오히려 '마음의 벽'을 허물기 위해 더욱더 노력할지도 모른다.

근접학의 창시자인 미국의 인류학자 에드워드 홀(Edward T. Hall)은 다음과 같이 말했다.

"어떤 사람이 너무 가까이 다가오면 상대방은 자동적으로 물러서게 된다. 그리고 그 사람이 더 가까이 다가오면 우리는 더 뒤로 물러선다. 나는 미국인들이 치근덕거린다고 생각하는 외국인들 때문에 복도 끝까지 뒤로 물러서는 것을 본 적이 있다."

계속 뒤로 물러서다 보면 치근덕거리는 사람과의 관계는 점점 더 복잡해질 수 있다. 언젠가 등이 벽에 닿아 더 이상 물러날 수 없게 되면 다른 수단을 동원해서라도 방어해야 한다. 하지만 그렇다고 직설적으로 얘기하는 것도 문제가 된다.

"부장님, 저는 부장님의 사적인 얘기에 전혀 관심이 없어요. 근무시간 외에 부장님과 따로 만날 생각도 없고 부장님이 저에게 찝쩍거리는 건 정말 역겨워요!"

이렇게 말하는 건 너무 심하고, 이렇게 말한다고 해서 외르크의 기분이 그전보다 더 좋아질 리가 없다. 어쩌면 일자리를 잃을지도 모른다. 또한 상사인 카타리나에게도 이 말은 심각한 상처를 줄 수 있다. 양쪽 그 누구에게도 도움이 되지 않는 것이다.

치근덕거리는 사람 대처법

그냥 참는 것과 도망치는 것 말고도 시도해볼 만한 다른 방법이 있다. 바로 상대방에게 다가가는 것이다! 두 사람 사이에 늘 진공 공간으로 남아 있던 선을 갑자기 외르크 측에서 돌파해버리는 것이다. 지금까지의 행동방식에서 벗어나겠다는 용기를 가지면 그렇게 할 수 있다. 그는 카타리나가 그에게 강요한 역할을 벗어던진다. 그는 더 이상 카타리나가 엄마 노릇을 하게 두는 어린 소년이 아니라, 더 이상 이런 역할 놀이를 같이 하고 싶지 않은 성인 남자다. 그러기 위해서는 우선 자기 자신과 자신의 감정들을 있는 그대로 받아들여야 한다.

'나는 더 이상 어린아이 같은 보살핌을 받고 싶지 않다. 또 내가 누구에게 말을 놓고 누구에게 존칭을 쓸지 여부는 내가 결정할 일이다. 내 책상 위에 어떤 액자를 올려놓을지도 역시 내가 결정한다. 내 주위에 어떤 사람들을 얼마나 가깝게 둘지 여부는 내 선택이며 카타리나와는 1m 정도의 거리를 두고 싶다. 그 이상으로 너무 가까이 다가오는 것은 거부감이 들기 때문에 잘못된 것이다.'

이렇게 생각하는 자신이 잘못됐다고 의심하면 안 된다! 누구와 친하게 지낼지는 순전히 본인의 선택일 뿐이다. 자, 이렇게 생각하는 것부터가 문제 해결의 첫걸음이다. 별거 아니라고 생각하는가? 하지만 실제로는 상당히 힘들다. 특히나 지금껏 인간관계에서 선을 긋지 못했거나 피해왔던 사람에게는 더욱 그렇다. 두 번째 걸음은 두 배나 더 어렵다.

'치근덕거리는 사람을 원망하거나 비난하면 안 된다! 비록 카타리나의 행동에 화가 나고 궁지에 몰린 기분이 든다고 해도 똑같이 이상한 사람이 되어서는 안 된다. 나는 지금 그 사람이 왜 그렇게 행동하는지 충분히 알고 있지 않은가? 그렇다면 오히려 그것을 역이용해야 한다. 즉, 상대방이 가장 원하는 것, 나의 관심을 선물할 것이다!'

당신이 상대방의 특징 중 어떤 면을 긍정적으로 평가하는지 곰곰이 생각해보자. 조직 운영력, 유머, 인간성? 치근덕거린다는 문제만 빼면 분명 한두 가지 장점을 떠올릴 수 있을 것이다. 예컨대 외르크는 직장 생활을 오래 한 카타리나에게서 다루기 힘든 고객을 상대하는 노하우를 배울 수 있다. 그는 이미 고객과 첨예한 갈등을 빚었을 때 의연한 태도를 보인 카타리나 덕분에 부담을 덜었던 적이 있다. 그는 하고 싶은 말을 직접적으로 못 하기 때문에 시간을 두고 카타리나에게 넌지시 지나가듯 이렇게 말하면 된다.

"부장님, 죄송하지만 제 책상 위에 올려주신 사진은 제 취향이 아닌데요. 제가 생각해봤는데 매달 우리를 괴롭힌 최악의 고객을 뽑아서 이 액자에 넣고 서류 보관함에 올려두면 어떨까요?"

이런 방법을 쓰면 한결 쉽게 문제가 풀리기 시작한다. 그 사람을 무시하거나 상처를 주지 않고도 충분히 의사를 표현할 수 있기 때문이다. 이런 식으로 접근하면 점점 더 상대방을 인정하고 서로 긍정적인 관계로 나아갈 수 있다. 그러니 친한 척하며 다가오는 사람이 있다면 깜짝 공격으로 맞서봐라. 노선 전환이라는 소기의 성과를 거둘 수 있을 것이다.

참고로 이런 방법으로 대응하기 힘든 경우도 있다는 걸 말해두고 싶다. 특히 과도한 스킨십을 시도하거나 말로 성추행을 일으키는 사람의 경우에는 그렇다. 이들 역시 근본적으로 자기 회의에 빠져 있는 불쌍한 사람들이다. 만약 여기서 제시한 방법을 써도 통하지 않는다면 공식적으로 항의 절차를 밟거나 전문 상담소를 찾아가서 법적인 도움을 구해야 한다.

6호선

거짓말을 일삼는 사람

현실을 부정하며 거짓말을 반복하는 인격 장애

"내가 얼마나 잘나가는 사람인데!"

거짓말쟁이가 받는 벌은 더 이상
아무도 그의 말을 믿어주지 않는 것이 아니라,
자신이 더 이상 아무도 믿지 못한다는 것이다.

— 조지 버나드 쇼(George Bernard Shaw)

회장님의
거짓말 행진

어느 날 어린이 병원 원무 과장이 전화를 걸어 혹시 은행 이체에 문제가 있는지 조심스럽게 물어보자 클라우디아는 아주 태연하게 대답했다.

"네? 무슨 문제요?"

"3월에 있었던 자선 행사 수익금 말이에요. 신문에는 그 수익금을 우리 병원 놀이방 개조 공사에 지원했다고 실렸더라고요."

"아, 네. 그런데 아직 돈이 입금되지 않았다는 말씀이시죠? 걱정하지 마세요. 무슨 착오가 있었나 봐요. 제가 알아볼게요."

클라우디아는 얼마 전부터 한 자선 협회의 경리를 담당하고 있다. 정말 좋은 사람들이 함께 일하고 있었기에 그녀는 그들을 전적으로 신뢰했다. 그런데 전화를 끊자마자 협회 통장의 이체 내역을 확인해본 그녀는 어리둥절했다. 올해 초에 약 30명의 회원이 회비를 입금한 이후로는 입금되거나 인출된 내역이 전혀 없었다. 클라우디아는 수화기를 들어 디터에게 전화를 걸었다. 디터라면 그 돈이 어디로 갔는지 틀림없이 알 것이다. 공식적으로는 클라우디아가 경리 업무를 맡고 있지만 자선 행사 수익금은 회장을 맡고 있는 디터가 직접 정산했다. 봄에 열렸던 행사뿐만 아니라 5월에 있었던 콘서트 그리고 여름에 열렸던 벼룩시장 수익금도 마찬가지였다. 클라우디아가 단단히 착각하고 있는 것이 아니라면 올해에만 수익금이 5,000유로에 달해서 어린이 병원에 공사비를 지원하는 데는 아무 문제가 없었다.

"무엇을 도와드릴까요, 아름다운 아가씨?"

디터는 기분 좋은 목소리로 답했다. 디터는 늘 유쾌한 사람이었고 덕분에 그의 주위에는 늘 사람들이 몰렸다. 디터만큼 얘기를 재밌게 하는 사람도 없었다. 그리고 디터는 유명 인사도 많이 알고 정말 파란만장한 경험을 한 사람이었다. 클라우디아는 디터가 믿을 만하며 뭐든 부탁할 수 있다고 판단했기에 사라진 후원금 이야기를 꺼냈다. 당연히 디터는 이에 대한 타당한 설명을 내놓았다.

"아, 천막 설치 업체에서 아직까지 청구서를 안 보냈어요. 비용 청구가 끝나기 전까지는 확실하게 정산을 할 수가 없거든요. 제가 이미 여러 차례 그 게으름뱅이들한테 요청을 했는데 그 회사에는 정말 제대로 일하는 직원이 단 한 명도 없나 봐요!"

"하지만 그거 말고도 금액이 더 부족해요. 여름에 했던 벼룩시장은요? 제대로 정산 금액을 제시하지 않으면 나중에 세무서에서도 문제를 제기할 거예요."

"벼룩시장에서 거둬들인 수익금은 정산한 뒤에 봉투에 넣어서 클라우디아 씨 집 우편함에 넣어놓았어요. 근데 그때 마침 집에 안 계시더라고요."

"그게 언제였는데요?"

"글쎄, 벼룩시장이 끝난 직후였죠."

그러더니 그는 누가 우편함을 몰래 열어본 게 틀림없다며 그렇지 않고서는 돈이 사라진 것을 설명할 수 없다고 장황하게 이야기했다. 그리고 그날 다리를 저는 이상한 남자가 쫓아오는 것이 눈에 띄었는데 그 남자가 의심스럽다는 얘기도 덧붙였다. 그 남자가 틀림없이 자신이 우편함에 봉투를 넣는 것을 몰래 지켜보고 나중에 꺼내갔을 것이라고 말했다. 한마디로 말도 안 되는 얘기였다!

"당장 신고를 하셔야겠어요!"

클라우디아가 말했다. 디터는 당장 그렇게 하겠다고 약속했다. 그렇지만 클라우디아는 갑자기 불안감에 휩싸였다. 문득 이와 비슷한 상황들이 머릿속에 떠올랐기 때문이다. 지난 가을에 디터가 음료수를 구매한 영수증도 제시하지 않으면서 지나치게 높은 대금을 청구한 적이 있지 않았던가? 그리고 신문사와 인터뷰를 할 때마다 협회 회원이 300명이 넘는다고 말하고 다녔다. 실제보다 열 배나 숫자를 부풀리는 디터 때문에 클라우디아와 다른 회원들이 민망해지곤 했다. 하지만 지금껏 한 번도 디터한테 뭐라고 한 적은 없었다. 왜 그러지 않았을까? 왠지 민망했기 때문이다. 그리고 괜히 협회에 피해를 주고 싶지 않았다. 다들 좋은 일을 하기 위해 한 마음으로 일하고 있었기 때문이다. 클라우디아는 일주일을 기다렸다가 다시 디터에게 전화를 걸었다.

"아, 클라우디아 씨, 지금 다 잘 되고 있어요. 경찰이 수사를 하고 있는데요. 알고 보니까 클라우디아 씨 집 근처에 그런 비슷한 절도 사건이 몇 건이나 더 있었다지 뭡니까."

"아, 그래요? 근데 경찰은 왜 저한테 연락을 안 했을까요? 제 우편함에서 빼간 거라면 제 일인데요."

"조만간 연락하겠죠, 뭐!"

하지만 그 이후 경찰은 어떤 연락도 하지 않았다. 클라우디아가 경찰서에 전화를 걸어보자 모든 일이 명백해졌다. 경찰은 최근 신고가 들어온 적이 없고 클라우디아 집 근처에서 절도 사건이 일어났다는 것도 금시초문이라 답했다. 클라우디아는 거의 하늘이 무너져 내리는 것 같은 심정으로 이번에는 천막 설치 업체에 전화를 걸었다. 그러고는 디터가 기다린다던 청구서에 대해 물었다. 업체에서는 의아하다는 반응을 보였다. 자선 행사라 천막은 무상으로 제공했으며, 오히려 기부 영수증을 발급해달라고 회장에게 몇 번이나 요청했지만 아직도 못 받았다고 말하는 것이 아닌가? 이제는 빼도 박도 못하는 진실이 드러났다. 디터는 협회 공금을 유용했다! 클라우디아와 다른 회원들은 충격에 휩싸였다. 디터가 왜 그랬는지, 그리고 왜 다리를 저는 사람이 의심스럽다는 황당한 거짓말까지 지어냈는지 아무도 이해할 수가 없었다. 디터는 직원 열 명을 거느린 잘나가는 광고 회사를 운영하고 있고 늘 계약이 밀려들고 엄청난 매출을 기록했다고 말하곤 했는데. 설마 이것도 새빨간 거짓말이 아닐까?

"맹세코 나는 거짓말을 하지 않았다" 라는 거짓말

누군가 거짓말을 할 때 사용할 수 있는 표현은 상당히 많다.

'속이다, 속임수를 쓰다, 사기 치다, 구라 치다, 뻥치다……'

이런 표현들은 다 재밌게 들린다. 하지만 그 거짓말의 대상이 자신이 되면 재미는 싹 사라진다. 디터는 단순히 멍청한 장난을 친 것이 아니라, 자신이 회장으로 있는 자선 협회 회원들을 속이고 상당액의 후원금을 유용하고 이런 뻔뻔한 행동을 감추기 위해 명백한 거짓말까지 지어냈다. 회원들은 그를 전적으로 신뢰했는데 그는 그것을 파렴치하게 이용했다. 그가 끼친 손해는 협회 자금 그 이상이지만 디터는 이를 의식조차 못할 것이다. 만약 알고 있다고 해도 별로 개의치 않을 것이다. 그는 죄의식조차 느끼지 못하는 사람이기 때문이다.

어느 정도 교양이 있는 사람이라면 이미 어렸을 때 정직에 대해 배웠을 것이다. 또한 우리는 사람들이 우리에게 진실을 말하기를 기대한다. 우리는 이런 사회적 불문율을 따르면서 공동체에 신뢰의 토대를 마련한다. 당신이 커피를 주문해서 마신 후 계산할 때 지갑을 깜빡하고 놓고 왔다고 말하며 나중에 돈을 주겠다고 하면 대부분의 카페 주인은 이를 믿어준다. 이런 일은 누구에게나 종종 일어날 수 있으며 카페 주인도 이와 비슷한 경험을 했을 것이다. 그렇지 않았

거짓말을 일삼는 사람

☞ 거짓말로 남을 속이는 사람
☞ 습관적으로 남을 속여 이득을 꾀하는 사람
☞ 겉으로만 착한 체하는 위선자
☞ 모든 일을 부풀려 말하는 사람

 **{ 첫인상 }**
유능하고 용감하고
호감이 가 보인다.

다면 선뜻 외상을 줄 수 있겠는가? 당신도 카페 주인의 호의에 고마워하며 가능한 한 빨리 외상값을 갚으려고 할 것이다. 이렇게 할 수 있는 이유는 그들에게 다음과 같은 믿음이 통용되기 때문이다.

'나는 정직하다. 그러므로 다른 사람들도 나에게 정직할 것이다.'

물론 우리도 때로는 어떤 일을 미화하거나 숨기거나, 난감한 일이 일어나지 못하게 막거나 어쩔 수 없이 작은 거짓말을 하기도 한다. 우리는 이모가 정원에 새로 설치한 그네 의자에 우스꽝스러운 색깔을 칠해놓아도 아주 멋지다고 말해준다. 그것은 별로 어려운 일도 아니며 마음씨 착한 이모의 마음을 해치지 않으려는 선의에서 비롯되었기 때문이다. 또 우리는 텔레비전에서 방영하는 가장 좋아하는 프로그램을 끝까지 보느라 늦었으면서도 차가 막혀서 늦었다고 변명을 하기도 한다. 과연 이 정도 거짓말도 나쁜 짓일까?

실제로 이 정도의 작은 거짓말은 예의라고도 할 수 있다. 늘 어디서나 무슨 일이 있어도 진실만을 추구하는 사람은 어느새 왕따가 되어버릴 것이다.[17]

우리는 신뢰와 정직이라는 가치를 믿고 있지만 늘 거짓말에 둘러싸여 있다. 하지만 이것이 우리에게 심각한 영향을 끼치는 것은 아니다. 커뮤니케이션 전문가들은 우리가 하루에 평균 작게는 두 번에서 많게는 200번까지[18] 거짓말을 한다고 밝혔다. 우리가 끊임없이 거짓말을 하는 것은 기정사실인 것이다. 그러니 거짓말 자체가 문제라고 보긴 힘들다. 문제는 '어떤 이유에서 하느냐'라 할 수 있다.

자신의 존재를
부풀리기 위한 거짓말

당신도 이미 짐작했을 것이다. 디터가 잘나가는 광고 회사를 운영하고 있다는 것 역시 거짓말이다. 실제로 그의 회사는 지급불능 상태라 고소를 당했으며 직원 열 명은 고사하고 그의 아내가 혼자 작은 사무실에 앉아 영수증 더미를 정리하고 있는 형편이다. 냉정하게 핵심을 찔러 말하자면 디터가 잘하는 것은 단 한 가지인데, 그것은 바로 허황된 계획을 세우고 제대로 말아먹는 것이다. 그의 인생은 실패로 점철되어 있다. 그는 어렸을 때부터 믿지 못할 허풍쟁이라고 놀림을 받았다. 어쩌면 태어날 때부터 본인에게 문제가 있었다기보다는 그의 부모가 어렸을 때부터 지나치게 거창한 목표를 세우고 이를 달성하라고 종용했을지도 모른다. 이렇게 자란 아이는 자신의 의식을 스스로 억압해버리기 때문에 실패할 수밖에 없다. "나는 사실 실수를 할 수도 있는 지극히 평범한 사람이야."라는 진실은 그의 머릿속에 들어 있는 이상적인 자아상과 모순된다. 이때 그는 이상적인 자아상을 낮추기보다는 현실을 끌어올리려고 무리한 수를 쓰게 된다. 이것은 엄청나게 힘든 일이다. 오랫동안 누군가를 속이기 위해 거짓말을 안고 살아본 경험이 있는가? 사실 그러기 위해서는 엄청난 집중력이 필요하다. 거짓말이 설득력을 얻으려면 앞뒤 정황이 맞아떨어져야 하고 그러다 보면 필요할 때마다 더 많은 거짓말을 해야 하기 때문이다. 한 순간도 마음을 놓으면 안 된다. 그렇기 때문에 악질적인 거짓말쟁이들은 늘 스트레스에 시달리는 인상을 풍기는 것이다. 의식적으로 거짓말을 하면 코르티솔이나 아드레날린 같은 호르몬이 분비된다. 겉으로는 아무렇지 않은 척하려고 해도 속으로는 펄펄 끓고 있는 것이다. 거짓말쟁이들은 자신들의 빛나는 존재가 거짓말투성이에 불과하다는 사실이 온 세상에 발각될까 봐 늘 노심초사한다.

이런 긴장감은 신체 증상으로 나타나는데 그 증세는 다음과 같다.

- 직접적으로 시선이 마주치는 것을 피한다.
- 눈을 자주 깜빡이거나 지그시 오래 감는다.
- 눈동자를 자주 굴리거나 눈빛이 경직된다.
- 팔다리를 자주 움직이거나 팔짱을 끼거나 다리를 꼰다.
- 얼굴을 자주 긁적이거나 입술에 자주 침을 묻힌다.
- 어색하거나 과장된 표정을 짓는다.
- 말하고 있는 내용과 어울리지 않는 몸짓을 사용한다.
- 평소와 다른 말투를 사용한다.
- 토씨 하나 안 틀리고 했던 말을 자주 반복한다.

이런 모든 특징들은, 주로 피고가 심문을 당하거나 증인이 법정 등에서 진실을 추궁당할 때 나타나는데 거짓말에 대한 엄청난 압박감을 느끼고 있다는 신호로 해석할 수 있다. 물론 말을 더듬고 정상보다 조금 더 눈을 많이 깜빡인다고 해서 무조건 거짓말쟁이라고 볼 수는 없다. 그래도 만약 누군가의 이야기가 미심쩍다면 이런 무의식적인 증세를 보이는지 유심히 살펴볼 필요가 있다.

그렇지만 디터처럼 악질적인 거짓말쟁이의 경우에는 그리 간단하지 않다. 이런 사람들은 자신이 거짓말을 하든 안 하든 별로 개의치 않는다. 자신의 거짓말이 발각된다 할지라도 어떤 처벌을 받게 되는 것도 두려워하지 않는다. 심지어 이런 사람들 중에는 스스로 지어낸 이야기를 진심으로 믿는 사람도 있다. 그래서 이들은 태연할 수 있는 것이다.

디터는 자신이 돈을 우편함에 넣은 적이 없고 다리를 저는 사람을 만난 적이 없다는 사실을 잘 알고 있다. 하지만 그는 그럴 가능성도 있다고 생각한다. 그는 이미 돈을 다 써버렸다. 성공한 사업가이자 열심히 활동하는 자선 협회 회장이라는 자아상과 현실의 자신이 일치하지 않자, 그는 상상 속의 대안을 추구한다. 자신이 꾸며낸 모든 것들이 그럴듯하게 보이도록 거짓말에 살을 붙여서 듣는 사람이 사실로 믿게끔 해버리는 것이다. 누가 감히 그런 거짓말을 하겠는가!

거짓말을 일삼는 사람들은 다른 사람들의 흥미를 더 유발할 수 있도록 이야기를 더 극적으로 꾸며낸다. 가능하면 자기 자신을 더 용맹스럽고 멋지게 부각시키는 것이 중요하기 때문이다. 그들은 모두의 관심을 집중시키기 위해 좀 더 거창하고 다채롭게 상상력을 동원해 이야기를 꾸며낸다. 그들에게 거짓말은 자신의 존재를 부풀리기 위한 필수적인 수단이다. 가난한 사람은 자신이 부유한 척 거짓말한다. 실패한 사람은 아주 인상적인 성공담을 꾸며낸다. 인기가 없는 사람은 존재하지 않는 연애담을 자랑한다. 이렇게 한껏 부풀린 자아상이 좋은 반응을 얻으면 거짓말쟁이는 결국 그 거짓말이 진짜인 것처럼 자기 자신에게 최면을 건다. 악질적인 거짓말쟁이들은 거짓 진술로 처벌받는 것도 두려워하지 않는다. 오히려 그 반대다. 그는 곧장 자신의 말을 진실이라고 선언한다. 하지만 무의식적으로는 쌓아 올린 거짓말이 와르르 무너져버리고 그 뒤에 숨어 있던 아무것도 아닌 자신의 존재가 드러날까 봐 두려워하는 것이다.

거짓말을 일삼는 사람은 다른 사람을 믿지 않는다

거짓말을 하는 사람은 히스테리로 인해 과장되고 연극적인 행동을 하게 되고, 자신이 느끼는 감정마저도 꾸며낸다. 정직과 같은 가치를 무의미하게 생각하는 반사회적 인생관을 갖고 있는 그들은 양심의 가책 없이 거짓말을 할 뿐 아니라 스스로도 타인을 믿지 않는다. 나르시시즘은 그들의 사고에 지대한 영향을 끼친다. 그들은 보잘것없는 자신의 실제 모습을 지워버리기 위해 자아를 부풀려 영웅담을 꾸며낼 뿐 아니라 타인의 입장에서 생각하는 능력을 상실한다. 자기의 기준에서만 타인을 평가하기 때문에, 다른 모든 사람들을 의심의 눈초리로 쳐다보는 것이다.

앞서 언급했듯이 우리는 누구나 하루에도 여러 번씩 거짓말을 한다. 하지만 대부분의 사람들은 거짓말을 하다 들켰을 때 마지못해서라도 인정은 한다. 몇 번 머뭇거릴지라도 결국 실토를 한다.

"그래, 실제 있었던 일하고는 조금 달라. 내가 조금 과장해서 말한 것 같아."

하지만 악질적인 거짓말쟁이들은 거짓말을 고수하거나 새로운 거짓말로 모면하려고 한다. 그렇기 때문에 그의 말이 거짓이라는 것을 증명하거나 그의 주장이 터무니없는 거짓말이라고 말해도 별 소용이 없다.

협회 회원들이 긴급회의를 소집해 디터에게 자금 유용에 대해 추궁했지만 디터는 사실을 인정하거나 후회하는 기색을 전혀 보이지 않았다. 계좌에 돈을 다시 채워 넣으면 이번 일을 더 이상 문제 삼지 않겠다는 회원들의 제안을 그는 받아들이지 않았다. 오히려 회원들을 명예훼손으로 고소하겠다고 위협했다. 클라우디아가 아무리 많은 증거를 제시해도 그는 자신의 입장을 고수하면서 경찰이 시민이 접수한 신고서를 쓰레기통에 버렸다며 욕을 해댔다. 그렇다면 디터의 행동을 입증하기 위해 클라우디아가 사립 탐정이라도 고용해야 한단 말인가? 물론 그렇지는 않다. 이런 사건의 경우에는 협회의 미래가 타격을 받는다 할지라도 법적인 조치를 취하는 방법밖에는 없다. 이렇게 해야만 진전이 있고 협회가 사기 사건을 눈감아줬다는 오해로부터 벗어날 수 있다.

　악질적으로 거짓말하는 사람을 정신 차리게 하는 방법은 없다. 그러기 위해서는 거짓말을 하는 당사자가 신뢰를 회복하려는 의지를 갖고 있어야 한다. 하지만 결코 그렇지 않기 때문에 관계는 계속 삐걱거릴 수밖에 없다. 더 큰 피해로부터 우리 스스로를 보호하기 위해서는 경우에 따라 법적인 절차를 밟아야 하는 경우가 생긴다. 또 이렇게 하면 한바탕 소동은 끝나겠지만 그렇다고 그 사람의 거짓말 행진이 멈추지는 않는다. 그 사람의 내면에는 사람에 대한 불신이 깊어질 것이고 이상적인 자아상과 현실의 자기 모습 사이의 괴리는 더욱 커질 것이다. 그는 모든 것을 상쇄하기 위해 더 큰 거짓말을 만들어낼 수도 있다.

　그렇다면 직접적으로 피해를 볼 상황이거나 법적으로 고소할 정도로 심각한 수준이 아닐 때는 어떻게 대응해야 할까?

거짓말을 일삼는 사람 대처법

어떤 사람에게 오랫동안 속으면 속을수록 나중에 사실을 알았을 때의 충격은 더욱 크다.

'내가 너무 순진했던 걸까? 다른 사람들은 다 사실을 간파하고 있었는데 나만 눈이 멀었던 걸까?'

애인이나 배우자가 자신을 속이고 바람피운 사실을 알게 되면 그 일 자체보다는 그런 사람을 신뢰한 자기 자신에게 실망하여 더 큰 수치심을 느낀다.

'둘이서 나를 얼마나 비웃었겠어!'

이렇게 생각하다 보면 상처는 더욱 깊어지고 굴욕감에 휩싸이게 된다. 만약 클라우디아에게 디터의 공금횡령 사건을 알았을 때 무엇이 가장 상처가 되었는지 물어본다면 곧바로 다음과 같이 대답할 것이다.

"사람에 대한 실망감이죠!"

모두들 좋은 일을 하려고 여가 시간까지 반납했는데 실망하고 말았다는 것이다. 믿었던 회장이 몰래 돈을 빼돌려서 자기 빚을 갚는 데 사용했다니 실망하지 않을 수가 있겠는가. 이렇게 자신의 선의가 이용당한 걸 알게 된 클라우디아는 앞으로 과연 좋은 일에 열정을 쏟을 수 있을까?

하지만 누구나 한 번쯤은 이런 부정적인 경험을 할 수 있다. 이런 사람에게 사기를 당했을 때 가장 중요한 것은 자기 자신을 탓해서는 안 된다는 것이다. 악의적인 거짓말쟁이들이 하는 모든 행동은 오직 본인의 이기적인 욕망에서 비롯된다. 본래의 자기 모습보다 더 잘나 보이고 싶은 욕망에서 거짓말이 시작되므로 피해자인 사람이 자책할 필요가 없다. 사람으로 얻은 상처도 시간이 지나면 아문다. 아무리 돈이나 다른 물질적인 피해를 봤다고 해도 그 사람이 눈에서 멀어지면 생각에서도 멀어진다. 어느 정도 시간이 흐르면 다시 길거리에 사기꾼들만 득실거리지 않는다는 것을 인정하게 된다.

하지만 거짓말을 일삼는 사람을 도저히 피할 방법이 없다면 어떻게 해야 할까? 거짓말쟁이가 가족이거나 회사의 상사이거나 바로 옆집 주민이라면? 먼저 그는 오직 자기 자신을 위해 거짓말한다는 사실을 잊지 말아야 한다. 그냥 내버려두어라! 단 상대방이 자기 연출을 위한 도구로 당신을 사용하지 않도록 조심해야 한다. 당신이 그의 말을 더 이상 믿지 않는다는 사실을 굳이 직접 말하지 않아도 된다. 당신이 그의 말을 믿지 않는 이상 그가 무슨 말을 지어내든 상관없다.

당신이 그 사람의 말에 귀를 기울일지 여부는 전적으로 당신의 상태에 달려 있다. 다른 사람의 잘못된 태도를 아무렇지 않게 받아들이면서 "그래, 그래 네 마음대로 지껄여봐."라고 할 수 있어야 한다. 한 귀로 듣고 한 귀로 흘려버리는 것이다. 그 사람에게 진실성을 기대할 수 없다는 것을 알고 있으면 그가 하는 거짓말을 훨씬 쉽게 받아들일 수 있다. 거짓말이 당신에게 상처가 될 거라고 느껴지면 당신 자신을 보호하고 더 이상 허황된 이야기를 들어주는 '수취인'이 되지 말아야 한다. 당신은 수신을 거부하고 거짓말을 반송해라.

"나는 네 이야기를 듣고 싶지 않아. 난 관심이 없어. 그 얘기는 그냥 너 혼자 알고 있는 게 좋겠어."

비난하지도 말고, 가르치려 들지도 말고, 도덕에 호소하지도 마라.

그 사람을 바꿔보려고 노력하지도 마라. 다 헛된 노력일 뿐이며 결국 실망만 안게 될 것이다. 급격한 관계 단절까지 갈 필요도 없고 당신이 다시 평정심을 되찾을 때까지 잠시 시간을 가지면 된다. 당신은 이제 더 이상 그 사람의 말을 '수신'하지 않으면 된다. 거짓말쟁이는 당신이 더 이상 자신의 영웅담을 믿어주지 않는다는 사실을 깨달으면 당신에게 흥미를 잃고 가만히 내버려둘 것이다.

하지만 그 사람이 당신과 아주 가까운 사이인데 당신이 그의 말을 전혀 믿어주지 않으면, 아무래도 두 사람의 관계는 상당히 힘들어질 것이다. 그러니 혹여 거짓말쟁이가 부모나 배우자 혹은 자녀라면 당신은 그 사람의 이상한 행동이 어디에서 기인하는지 알아봐야 한다. 만약 처벌에 대한 두려움 때문에 거짓말을 한다면 그 사람의 관점에서 다시 한 번 생각해보고 공감해주는 것도 방법 중 하나이다. 그 사람을 인간적으로는 이해하되, 거짓된 말과 행동은 용납하지 마라. 이렇게 하면 오히려 그 사람에게 더 이상 감정을 조종당하지 않을 수 있다.

7호선
남의 성공을 시기하는 사람

자의식 부족이 낳은
공격적인 질투심

"왜 나만 이렇게 힘들게 살아야 돼?"

그녀가 지금 서 있는 그곳에 나도 있고 싶어.
그녀가 가진 것을 나도 갖고 싶어.
그녀가 잘 지내는 것처럼 나도 잘 지내고 싶어.
깊은 구덩이를 파서 모든 사람들에게 보여줄 거야.
나는 그녀의 자리를 차지하고 싶어.
그리고 그녀는 추락해야 해! 추락해야 해!
나는 절대 그녀를 잡아주지 않을 거야.

— 노래 〈나의 죄다 mea culpa〉 중에서

세미나장에 나타난 감시자

예비 축구 코치를 위한 세미나에서 한창 분위기가 무르익을 때였다. 세미나에 모인 사람들이 그날의 주제에 대해 깊이 있는 대화를 나누고 질문을 하기 위해 손을 들 때 맨 뒤 구석 자리에 앉은 노르베르트가 큰소리로 "틀렸어요!"라고 외쳤다.

"경우에 따라 다르게 볼 수도 있어요." 또는 "제 생각에는 여러 가지 가능성이 있어요."라는 말 대신에 단순 명료하게 틀렸다고 말한 것이다. 그것도 한 번이 아니라 거의 정확히 30분마다 그렇게 외쳐댔다.

미리암은 사실 자신이 있었다. 이런 세미나가 처음도 아니었고 준비도 철저하게 했다. 그녀는 11년째 프로 축구계에 몸담고 있는데 4년 전부터는 잘나가는 여자 분데스리가 팀을 맡고 있다.

예비 코치들과의 세미나는 그녀에게 어떤 의미가 있어서가 아니라 정보 교류 차원에서 개최한 것으로 스포츠에 관심이 많은 사람들과 함께하는 것이 재밌기 때문이었다. 그런데 그 순간은 정말 세미나가 싫어졌다! 마음 같아서는 그냥 나가버리고 싶었다. 우연찮게도 오늘은 하필이면 일대일 대결이 주제였다. 세미나에 모인 사람들이 전설적인 파울 장면들을 분석하자 노르베르트는 전화를 하기 위해 문 앞으로 갔다. 일대일 대결에서 공을 점유하는 전략에 대해 설명하자 그는 시끄러운 소리를 내며 신문지를 넘겼다.

"일대일 대결에서는 공을 받자마자 속력을 내서……."

"틀렸어요!"

그녀는 계속해서 말을 이었다. 짜증이 났지만 겉으로 드러내지 않으려고 애썼다.

"이런 식으로 원활한 훈련 흐름을 테스트하고……."

"그래도 틀렸어요. 우선 누가 공격이고 누가 수비인지 정해야죠."

미리암은 몇몇 사람들이 그의 말에 동의하듯 고개를 끄덕이는 모습을 보았다. 사람들은 그의 말에 동조했다. 그녀는 다시 한 번 빔 프로젝터를 켜서 손에 레이저포인터를 들고 훈련 진행 과정을 설명했다. 그런데 참석자들의 동조에 고무된 노르베르트가 또 반론을 제기했다.

"요즘 그렇게 훈련하는 데가 어디 있어요. 완전히 구식이잖아요."

속으로 '그래 좋아.' 하면서 미리암은 애써 침착해지려고 노력했다. 이 훈련 방법에 논란의 여지가 있다는 것도 알고 있었다.

"제 경험에 의하면……."

사람들이 그녀의 머릿속을 들여다볼 수 없어서 그나마 다행이었다. 곧바로 자신에 대한 의심이 밀려왔기 때문이다.

'내가 너무 경직된 훈련 모델을 제시한 걸까? 너무 단편적인 팁이었을까?'

"제 경험에 의하면 이렇게 하는 것이 가장 효과적입니다."

"제 생각은 그렇지 않아요."

노르베르트는 아주 침착하게 팔짱을 낀 채 의자 등받이에 몸을 기댔다. 나 같아도 저 사람 말을 믿겠다고 미리암은 속으로 생각했다.

'나보다 훨씬 더 능력 있어 보이잖아.'

"수비와 공격을 미리 정해둬야죠."

노르베르트가 말했다.

"그렇지 않습니다."

미리암은 이런 생각이 들었다.

'우리 두 사람 중 누가 공격이고 누가 수비인지는 이미 분명해 보이네, 멍청한 녀석. 내가 너한테 태클을 걸지 않도록 조심해, 이 질투쟁이야! 질투가 나서 미치겠지! 내가 성공을 하고, 축구로 돈도 버는데 당신은 돈을 내고 여기서 배워야 하니까. 나는 세미나 강연자로 초청을 받았고, 당신은 어떻게 하면 눈에 들 수 있을까 하는 슬픈 기대감을 갖고 여기 참석했겠지. 나는 젊고 예쁜데 당신은 나이조차 가늠하기 힘들 지경이니……'

"제 말이 맞아요!"

그가 말했다.

"그렇지 않습니다!"

그녀가 받아쳤다. 미리암은 사실 노르베르트 같은 사람에게 전혀 선입견을 갖고 있지 않았다. 미리암은 축구업계에서 자리를 잡았다고 해서 자신이 이 재수 없는 남자보다 더 잘났다고 생각하지 않았다. 오히려 자신이 성공하기까지는 운도 상당한 영향을 끼쳤다고 생각하는 그녀였다.

"제 말이 맞는다니까요!"

그가 또다시 말했다. 갑자기 세미나 참석자들이 웃기 시작했고 미리암은 이 모든 것을 그냥 장난스럽게 넘기려고 마음먹었다. 사람들을 재밌게 해주려는 난타전 말이다. 그런데 구석에 앉은 저 남자는 다른 모든 참석자들과 아주 잘 지내는 듯 보였다. 다들 그에게 호감을 가지고 있는 것 같았다. 그래서 미리암은 가장 적절하면서도 싱거운 절충안을 내놓았다.

"두 가지 방법 다 시도해볼 수도 있겠네요."

이 말이 끝나자마자 강의를 듣던 사람들이 더 이상 필기를 하지 않는다는 것을 눈치챌 수 있었다.

"어디 얼마나 잘하는지 볼까? 나보단 못하겠지만"

시기하는 사람들은 어디에나 도사리고 있다. 그들은 주위 사람들을 감시자의 눈으로 지켜보며 다른 사람의 긍정적인 면과 업적을 헐뜯고 비방하는 데 모든 것을 건다. 학교 행사에서 제공되는 초콜릿 머핀에서부터 시작해서("너무 설탕이 많이 들어갔고 바짝 말랐잖아!") 직업적인 성공 경험으로 이어지다가("사장한테 아부하는 게 효과가 있다는 것

남의 성공을 시기하는 사람

- 남이 잘되면 미워하고 질투하는 사람
- 자신보다 뛰어난 이를 공연히 깎아내리려는 사람
- 주위 사람이 잘나가면 샘내는 사람

{ 첫인상 }
판단력이 확고하고
비판적이며 노련해 보인다.

이 여실히 드러나는군.") 아주 개인적인 일과 관련해서도("결혼 축하해. 세 쌍 중 한 쌍이 이혼하는 시대에 결혼을 하다니 정말 용감하네.") 멈추지 않는다. 아니면 노르베르트처럼 공개적인 자리에서 자신과 달리 체육인으로서 성공을 거둔 젊은 여자의 능력에 의문을 제기하는 기회를 놓치지 않는다.

남의 성공을 시기하는 사람 입장에서는 다른 사람이 기뻐하는 모든 것이 눈엣가시고 파괴해야 할 대상이다. 그들은 행복과 성공이 일부 선택받은 자들에게만 주어진다고 여기는 것 같다. 한 사람이 제비뽑기에서 좋은 제비를 뽑으면 나머지 사람들에게는 꽝만 남는다고 생각한다. 그렇기 때문에 그들은 자신을 승리자로 다른 사람들을 실패자로 만들기 위해 힘쓴다.

남의 성공을 시기하는 사람은 자신의 목적을 위해 다양한 방법을 동원한다. 우선 냉소와 무례함부터 시작한다. 그들은 다른 사람이 성공하지 못하도록 적극적으로 나서서 방해하고 개입한다. 상대방이 결국에는 폐허 더미 위에 낳고 한때 자랑스러워하던 모든 것을 잃기만 하면 된다. 비록 성공이 자신의 몫이 아닐지라도 다른 사람에게 굴욕감을 안겨줄 수 있다면 자신이 우위에 선 기분을 느낄 수 있기 때문이다. 바로 이것이 목표다. 이를 위해서 기꺼이 이상한 사람이 되기를 마다하지 않는다.

목표에 도달하지 못한 자의
파괴적인 시기심

시기심은 지극히 인간적인 감정이다. 그럼에도 불구하고 몹시 안 좋은 것으로 받아들여지고 있다. 사실 어느 정도의 건강한 시기심은 해가 되지 않는다. 자신과 다른 사람을 직접적으로 비교할 때 생기는 이런 감정이 필요하기도 하다는 말이다.

시기심은 이미 원시시대부터 생겨났을 것이다. 우리와 가장 비슷한 영장류 역시 이런 행동을 보이기 때문이다.[19] 심지어 개들도 시기심을 드러낸다. 개를 조련하는 중에 한 개에게는 칭찬의 표시로 건사료를 주고, 다른 개에게는 육즙이 줄줄 흐르는 스테이크를 주면 건사료를 받은 개는 조련에 대한 의욕이 급격히 떨어지면서 짜증스럽다는 반응마저 보인다.[20] 심지어 개와 원숭이들도 차별을 부정적으로 인식하는 것을 보면 생명의 진화 과정에서 평등 의식은 뭔가 지대한 영향력을 발휘했을 거라 짐작할 수 있다.

'저 사람은 내가 갖고 있지 않은 뭔가를 갖고 있을까? 나는 맨날 제자리인데, 저 사람은 왜 저렇게 승승장구할까?'

우리는 남과 비교하는 게 기분 좋은 일이 아님에도 날마다 이런 생각을 하면서 살아간다. 그런데 자신을 제대로 알기 위해서는 남과 비교를 꼭 해야 하는 경우도 있다. 그래야 자신의 장단점을 파악할 수 있다.

어쩌면 당신은 운동을 잘해서 축구 시합을 할 때마다 가장 먼저 팀에 뽑히는 친구를 부러워했던 적이 있을 것이다. 당신이 경기에 참여하지 못하고 끝까지 딱딱한 나무 벤치에 앉아 있었다면 당연히 화가 났을 것이다. 물론 이런 경험을 통해 얻는 장점도 있다. 바로 자신이 운동에는 소질이 없다는 걸 깨닫는 것이다. 다행히도 재능을 발휘할 분야는 무궁무진하다. 하지만 이때 마음속에 패배감이라는 감정을 각인시키면 또 다른 문제가 발생한다.

'나는 운동에는 젬병이다. 나는 패배자다.'

심리학자들은 이것을 자아의 '대상표상' 때문이라 설명한다. 이것을 쉽게 설명하자면 인간은 '다른 사람의 관심' 없이는 살 수가 없는 존재라는 것이다. 그런데 시기심이 드는 것을 패배감으로 받아들이지 않고 스스로를 단련하는 자극제로 받아들일 수도 있다. 만약 더 이상 운동에 젬병이고 싶지 않은 의지가 강하고 신체적인 조건만 따라준다면 남의 성공을 부러워하는 대신 자신의 실력을 기르려고 할 것이다.

'이제부터 열심히 노력하고 꾸준히 훈련해서 전 세계에 내 실력을 보여주고야 말겠어.'

이렇게 결심한 이후 더 열심히 하다 보면 1년 후 청소년 축구 경기에서 첫 메달을 따서 자랑스럽게 집에 들고 올 날이 생길지도 모를 일이다. 핵심은 바로 경쟁이다. 잘 알다시피 경쟁은 활력을 불어넣는다. 경쟁에서 다른 사람보다 더 앞서고 싶다는 조그마한 소망이 없으면, 우리는 에너지를 덜 쏟아붓고, 자기비판 의식도 옅어져 종국에는 우리 본래의 재능을 발견하고 발휘할 수 있는 기회를 놓치게 될 수도 있다. 시기심을 잘 이용하면, 엄청난 이득을 이끌어낼 수도 있는 것이다.

유치원에서는 잘 그린 아이들의 그림만 벽에 붙여 전시한다. 잘생기고 예쁜 아이들은 빨리 이성 친구가 생겨서 키스를 할 수 있고, 의대에 가고 싶은 학생은 대학 입학시험에서 거의 최고점을 받아야 한다.

우리는 늘 다른 사람과 비교당하고 있다. 삶의 거의 모든 영역에 서열이 존재하는 것도 사실이다. 그럼에도 우리는 자연스럽게 생기는 시기심조차 억제하는 것이 미덕이라 배웠다. 그러다 보니 시기심을 건강하게 다루는 방법, 즉 자신이 경쟁에서 뒤처지는 부분이 생기면 어떻게 대처해야 하는지를 배우지 못했다.

시기심을 잘 다루지 못하는 사람은 자기 자신을 더 꼼꼼히 들여다보고 부족한 부분을 채우기 위해 노력하는 것이 아니라 다른 사람들을 엿보고 비교 대상을 깎아내림으로써 만족감을 얻는다. 나보다 운동을 잘하는 사람을 시기하면 경기 규칙을 무시하고, 다른 친구의 운동복 가방을 숨기고, 운동화에 압정을 넣는 등 불공정하고 음험한 방법을 동원하게 되는 것이다.

옆 사람을 팔꿈치로 치며
앞만 보고 달리는 사람

적대적인 시기심은 특히나 경쟁이 공개적으로 이루어지는 곳에서 더 두드러지게 나타난다. 미리암은 앞으로도 계속 노르베르트 같은 사람과 만나게 될 것이다. 특히나 스포츠 분야는 모두가 금메달 또는 다음 회 출전권 같은 동일한 목표를 향해 경쟁하는 곳이기 때문이다. 하지만 시상대 가장 윗자리에는 단 한 사람만이 설 수 있다.

자유 시장 경제에서 기업이 처한 상황 또한 마찬가지다. 매출 및 시장가치에 따라 성공, 보통 또는 실패 기업으로 구분된다. 홍보 전략가들은 자사 브랜드를 정상에 올려놓지 못하면, 경쟁자를 깎아내리거나 산업스파이를 이용하거나 나쁜 소문을 퍼뜨리거나 매출액을 조작한다.

시기심이 많은 사람들은 자신의 지위를 겉으로 드러내고 싶어 한다. 주로 값비싼 차를 타고 다니고, 상표가 눈에 잘 띄는 메이커 옷을 입고 다니고, 유명 레스토랑에서 식사를 하며 여가 시간에는 가능한 한 많은 사람들이 주목하는 값비싼 취미 생활을 즐긴다. 또한 이들은 자신의 경제적 능력을 넘어서는 과시적 소비를 하는 경향이 있다. 별 볼 일 없는 자기 존재를 감추기 위해 외양이나마 한껏 부풀리는 것이다.

'여기 좀 봐! 나는 능력이 있고, 아주 중요한 사람이야. 이 바닥에

서는 내가 확실히 주도권을 쥐고 있다고!'

이들은 라이벌이 집을 지으면 바로 옆에 고급 주택을 짓는다. 누가 포르셰를 타고 다니면, 내일 페라리로 그를 추월한다. 경쟁자가 66 사이즈 옷을 입으면 자신은 살을 빼서 55 사이즈 옷을 입는다. 그런 다음에 그 여자가 뚱뚱하다고 흉본다. 자기가 원해서 고급 주택, 스포츠카 또는 S라인 몸매를 소유하려는 것이 아니다. 시선은 늘 남을 향해 있고, 그가 시기하는 대상이 그의 목표를 지배한다.

누군가가 당신을 시기하고 있다고 의심된다면, 그에게 최근 가장 자랑할 만한 일을 꼽아서 으스대보자. 당신과 당신의 실험 대상이 공통으로 관심을 갖고 있는 사안이면 더 좋다. 구하기 힘든 연극 초연작 티켓을 구했는가? 그러면 그의 면전에 대고 표를 흔들어보자. 회사의 전도유망한 부서의 장으로 승진했는가? 그렇다면 그와 축하의 술잔을 기울이는 자리를 마련해보자.

남의 성공을 시기하는 사람은 이런 새로운 소식을 듣고 견딜 수가 없어서 냉소를 보이거나 더 큰 자랑거리를 늘어놓을 것이다. 이때 기죽어 물러서지 말고 당신에게 어떤 좋은 일이 있었는지에 재차 화제를 돌려보자. 당신이 즐겨 마땅한 기쁨을 저지할 수 있는 것은 아무것도 없다.

남의 성공을 시기하는 사람은 이런 상황에서 가능한 한 빨리 벗어나려고 할 것이다. 우선 하품을 쩍 하고 나서 전화를 하거나 화장실을 찾거나 갑자기 화제를 바꿔버릴 것이다. 상대가 기분이 너무 나빠져서 당신이 도망쳐야 할지도 모른다.

왜 그런지는 자명하다. 남의 성공을 시기하는 사람은 자신이 낮아졌다고 생각한다. 행복의 스포트라이트가 자신이 아니라 남을 비추고 있기 때문이다. 그 사람의 관점에서 보면 당신은 그야말로 '팔꿈치 사회'(옆 사람을 팔꿈치로 치며 앞만 보고 달려야 하는 경쟁 사회-옮긴이)에 살고 있다. 스포트라이트를 받을 수 있는 자리는 단 한 자리뿐이며, 만약 그 자리를 이미 누군가가 차지하고 있다면 옆구리를 가격해야 하는 것이다. 하지만 남의 성공을 시기하는 사람의 냉소와 자랑은 결국 허사로 돌아간다. 그는 상대방의 바로 그런 점을 참을 수 없어 한다. 이제 당신은 그가 어떤 사람인지도 확실히 알게 되었다.

나는 더 높은 자리에 있어야 할 사람이야!

노르베르트는 열 살쯤 됐을 때 실제로 지역 리그 축구 클럽에서 가입 제의를 받은 적이 있다. 그런데 그만 입단 테스트 직전에 다리가 부러졌고 중요한 테스트 날짜를 놓쳐버렸다.

"그때 나에게 그런 일이 일어나지 않았더라면······."

남의 성공을 시기하는 사람들이 자주 내뱉는 전형적인 말이다. 현재 자신은 원래 누려야 마땅한 삶을 살고 있지 않다는 것이다. 그때 그런 일만 없었다면 자신은 더 큰 일을 하고 있을 것이다. 총리, 슈퍼모델, 노벨상 수상자, 축구스타······. 인간이라면 누구나 자신이 놓쳐버린 기회를 아쉬워한다. 그러나 우리 대부분은 지난 일은 말끔히 잊어버리고 다음번에 잘하기로 마음먹는다. 그런데 남의 성공을 시기하는 사람은 놓쳐버린 기회를 평생 잊지 못한다.

'내가 그때 입단 테스트를 받았다면 어떻게 됐을까?'

도달하지 못한 이상(理想)은 실제로는 자신의 상상만큼 그렇게 근사하지 않겠지만, 남의 성공을 시기하는 사람은 마땅히 가져야 할 것을 못 가졌다고만 생각한다. 그래서 다음과 같이 한탄한다.

'인생은 나에게 공정하지 않았어. 다른 사람들은 모든 것을 거저 얻었는데 왜 나만 이렇게 힘들게 살아야 하는 거야?'

그래서 이들은 성공한 사람들을 깎아내리는 데 집중한다. 또 주목받는 것을 즐기되 결점이 드러나는 것은 지나치게 꺼린다. 그래서 누군가 너무 가까이 다가오는 것도 좋아하지 않는다. 이들의 아킬레스건은 '자신이 원하던 사람이 되지 못했다는 절망감'이다. 사실 이들은 자신을 하찮은 존재라 생각하는 불쌍한 사람들이다. 이들에게는 자의식이 없다. 타인의 기준에만 맞춰서 살아가는 '유사 자의식'만 있을 뿐이다.

타인과 비교하며 살아야 하는 인생에서 자의식이 결핍되어 있는 것은 가장 나쁜 결과를 유도한다. 그것은 바로 성공한 사람을 그저 깎아내리려고 애쓰는 것이다. 목표를 달성할 수 없다고 생각해서 단념하거나, 그래도 반드시 이루고 말겠다고 에너지를 쏟아붓는 것은 자의식이 없으면 불가능하다. '유사 자의식'만 갖고 있는 사람들은 다른 사람들을 파괴하는 데에만 에너지를 집중해서 심리적 보상을 받으려고 한다. 다른 사람들이 자신을 쳐다보고 질투심에 부르르 떨 때, 이들은 생애 최고의 기쁨과 만족감을 느낀다.

남의 성공을 시기하는 사람 대처법

"동정은 공짜로 얻을 수 있다. 하지만 질투는 열심히 노력해야 얻을 수 있다!"

 실제로 다른 사람의 눈에서 질투의 눈빛을 발견하는 것을 즐기는 사람들도 있다. 하지만 갑자기 공격을 당하거나 뒤에서 험담을 하면 심각해진다. 당신을 시기하는 사람을 상대로 주관을 갖고 잘 지내고 시기심을 자제시킬 수 있느냐 여부는 전적으로 당신에게 달려 있다. 질투심의 이면은 자부심이기 때문이다. 따라서 그들에게 잘 대응하려면 자부심을 능숙하게 잘 다뤄야 한다.

 성공한 것은 수치가 아니다. 당신이 단지 운이 좋았다거나 로또에 당첨되어 백만장자가 됐다거나 혈연관계를 통해 재벌 2세가 됐더라도 마찬가지이다. 당신은 충분히 스스로를 자랑스러워하고 기쁨을 표출할 수 있다. 주변 사람들이 당신의 성공을 받아들일지 질투할지 여부는 사실 당신의 문제가 아니다. 그런데 그것이 때로는 당신의 문제일 수도 있다는 것을 알아야 한다.

스포츠 분야에서 괄목할 만한 성공을 거둔 미리암은 늘 겸손하라는 교육을 받고 자랐다. 부모님은 미리암의 방이 우승 트로피로 가득 차고 상장이 벽을 도배해도 미리암이 너무 자만하지 않도록 늘 신경 썼다. 그렇기 때문에 오늘날 노르베르트 같은 질투쟁이를 대하는 데 어려움을 겪고 있는 것이다. 워크숍에서 그의 언행은 명백히 예의 바르지도 올바르지도 않았다. 미리암은 운도 좋았지만 노르베르트보다 재능이 많았기 때문에 성공할 수 있었다. 그런데 그녀는 자기 자신을 꾸짖는다.

'그만해! 너도 노르베르트하고 다르지 않아. 잘난 척하지 마. 넌 살면서 운이 좋았던 것을 감사하게 생각해.'

미리암은 심하게 당황한다. 그녀는 노르베르트가 자신의 성공을 시기하기 때문에 못되게 군다는 것을 알아차렸지만 그것을 애써 무시한다. 자만하지 말라는 교육을 잘 받았기 때문이다.

'아니, 그러지 마세요. 저를 부러워할 만한 이유는 전혀 없어요. 저도 다른 사람들과 별반 다를 게 없어요······.'

그래서 그녀는 계속해서 자신에게 안 좋은 얘기를 하는 것을 그냥 가만히 듣고 있고, 자신을 헐뜯고 망신을 줘도 가만히 있는다. 그러면서 자신의 자만심과도 싸워야 하기 때문에 마음이 이중으로 힘들다.

미리암처럼 남의 성공을 시기하는 사람으로부터 고통받는 사람들이 더 이상 피해를 입지 않으려면 그들보다 자신이 더 낫다는 것을 스스로 허용해야 한다.

다른 사람의 질투를 견딜 수 있으면 우리는 우리 문제에 한 발짝 더 나아간 것이다. 그다음으로는 시기하는 사람을 그냥 피할 수 없으면 앞으로 어떻게 대할지 전략을 세워야 한다.

시기하는 사람은 어차피 싸움을 걸려는 사람이기 때문에 당신이 주의를 해야 한다. 그는 누군가 자신을 꿰뚫어보거나 자신의 실체가 폭로되기를 바라지 않는다! 당신이 만약 직접적으로 당신의 지위가 다르다는 것을 언급하면 그는 공격을 당했다고 느끼고 더욱 적대적으로 나올 것이다.

그리고 그는 누군가가 너무 가까이 다가오는 것을 좋아하지 않는다. 앞서 말했듯이 자신의 보잘것없는 실체가 드러날까 봐 두렵기 때문이다. 그래서 만약 자신이 공격당하면 모든 수단과 방법을 동원해서라도 가면이 벗겨지지 않도록 노력할 것이다. 그러니 너무 직접적인 난타전은 피하는 것이 좋다. 그렇지 않으면 공적으로나 사적으로나 불행한 일들이 생길 수도 있다. 시기심 때문에 벌어진 이웃 간의 다툼이 몇 년에 걸쳐 진행되는 경우가 있다. 그렇게 되면 양쪽 모두 자기 집에서조차 편안하게 지내기가 힘들어진다. 이들과 좀 더 평화롭게 지내고 싶다면 그의 가시를 서서히 뽑아야 한다.

그룹 내에서는 시기하는 사람의 경쟁심을 누그러트리기가 좀 더 수월한 편이다. '우리'라는 감정을 불러일으킬 수 있도록 노력해라. 당신의 부서가 성공하는 데 그가 비록 기여한 것이 없다고 할지라도 함께 기뻐할 수 있도록 독려해라.

　상대가 비판적인 말을 해도 그의 말을 바꿔서 표현할 줄 알아야 한다. 비건설적인 비판이 마치 건설적인 제안처럼 들리도록 해봐라. 그러면 상대는 이겼다는 느낌을 갖게 되고 당신은 평안하게 지낼 수 있다.

　다시 미리암의 경우로 돌아가보자. 그녀는 그냥 가만히 당하고 있을 수도 있었다. 세미나는 어차피 일주일 동안만 열리고 그 이후에는 노르베르트를 다시 만날 일도 없었다. 하지만 그가 그녀의 성공을 시샘하는 유일한 사람도 아니고 앞으로도 그런 사람은 얼마든지 나올 수 있기 때문에 이번에는 다른 방식을 취해보기로 결심했다. 그녀는 코치이기 때문에 공격과 수비에 관해서는 정통하다. 첫 번째 세미나 일정이 거의 끝나자 그녀는 모든 참석자들을 불러서 피드백을 해달라고 요청했다. 그녀는 먼저 입을 열면서 모든 참석자들에게 열심히 참가해줘서 고맙다고 전했다. 특히나 단순히 주입식 교육이 아니라 그 이상을 원하는 참석자도 있어서 좋았다는 얘기를 꺼내며 노르베르트에게 미소를 지어 보였다.

　"축구에 관해서 너무나 잘 아시는 분들하고 이런 세미나를 한다는 것은 저에게는 좋은 자극이 됩니다. 저희 팀도 그렇지만 여러분과 함께 이렇게 교류를 할 수 있어서 정말 좋았습니다."

　노르베르트는 이때 처음으로 아무런 반박도 하지 않았다.

　물론 남의 성공을 시기하는 사람을 대할 때는 조심해야 한다. 그렇다고 지나치게 저자세를 취하거나 자신의 공로를 숨기면 안 된다.

우리가 몸을 숙이고 움츠러들면 상대는 소기의 목적을 달성했다는 생각에 더 으스댈 수도 있다.

우리에게는 그들과는 비교할 수 없는 결정적인 이점이 있다. 그것은 바로 내면의 크기이다. 우리는 이를 의식하고 유지해야 한다. 시기하는 사람은 절대 우리의 내면세계와 경쟁할 수 없기 때문이다. 시기하는 사람 역시 내면 깊숙이 그렇다는 것을 뼈저리게 알고 있다.

8호선

까다로운 척하는 사람

열등감을 감추려는 위장된 까칠함

"잘해줘봤자 소용없어!"

고맙다고 말하는 것보다
더 절박한 빚은 없다.

— 마르쿠스 툴리우스 키케로(Marcus Tullius Cicero)

알고 보면 온순한
학교 관리인의 연극

"안녕하세요, 페터슨 아저씨!"

금발의 여학생 두 명이 마치 1950년대를 배경으로 한 영화에서 방금 튀어나온 듯 착하고 예의 바르게 문 앞에 서 있었다. 등 뒤에 뭔가를 감추고 서 있는 얼굴에는 긴장감이 역력한 어색한 미소를 짓고 있었다. 페터슨은 100kg에 달하는 육중한 몸을 의자에서 일으켜 담배꽁초를 재떨이에 눌러 껐다. 이곳은 금연구역이다. 이미 몇 년 전부터 금연구역으로 지정되었다. 하지만 페터슨은 아랑곳하지 않았다.

"대체 왜 나한테 이래라저래라 하는 거야? 도무지 내 맘대로 되는 게 하나도 없어!"

이어서 또 아이들에게 쏘아붙였다.

"이런 정신병원에서는 쉴 수가 없다니까!"

그는 소녀들 앞에서 무서운 표정을 지으며 불편한 분위기를 조성했다.

"무슨 일이야? 오늘은 또 무슨 일로 날 귀찮게 하려는 거야?"

여학생들은 등 뒤에 감추고 있던 머핀 두 개를 꺼내 보였다. 갓 구워서 설탕 시럽까지 뿌린 머핀이다.

"저희 교실 칠판을 고쳐주셔서 감사합니다."

이제 페터슨은 마지못해 인위적인 미소를 지어 보였다.

"너희가 1학년 5반 말썽꾸러기들이냐? 누가 칠판을 망가트린 거야?"

여학생들은 깜짝 놀라 서로를 쳐다보다가 어깨를 으쓱했다.

"모르겠어요. 그냥 고장이 났어요. 그래서 저희 선생님께서……."

"그래, 그래, 많이 배운 너희 선생님." 하면서 페터슨은 여학생들의 말을 끊었다.

"그랬겠지. 너희 선생님은 칠판을 제대로 고칠 수 없었겠지."

그는 머핀을 집어 들었다.

"그래 좋아. 어쨌든 커피랑 먹을 수 있는 달콤한 간식이 생겼네."

이것으로써 대화는 끝났다. 여학생들은 얼른 인사를 하고 몸을 돌려 복도를 향해 뛰어갔다. 임무를 마쳤다는 안도감을 여실히 느낄 수 있었다.

"내가 복도에서 뛰지 말라고 수천 번도 넘게 말했잖아. 뛰다가 너희들 목이 부러지면 나도 못 고친다고!"

페터슨은 지난 학기에 두둑이 챙겼다. 초콜릿 스물다섯 개, 와인 네 병, '당신이 최고!' 그리고 '감사합니다.'라는 문구가 인쇄된 커피잔 두 개, 그 밖에 직접 그린 그림과 직접 구운 케이크는 셀 수 없이 많이 받았다. 오늘같이 성적표가 나오는 날은 일종의 상납일이다. 다음 쉬는 시간에는 학교 행정실 비서가 피자 상품권을 들고 왔다. 지난 학기에 수고해준 것에 대한 감사의 표시였다. 교사진 전체의 이름으로 전달했다. 그의 수고와 노고를 모두들 인정했다. 복사기에 종이가 끼었을 때, 문이 삐걱거릴 때 그리고 학교 잔디에 잡초가 무성하게 자랄 때 등등. 페터슨은 그저 고개만 끄덕였다.

'아, 됐어. 그냥 1절만 하시지. 그리고 피자? 그런 이탈리아 음식을 먹으라고? 직접 갈 것 같지도 않은데 그냥 다른 사람한테 줘버릴까?'

페터슨은 저녁에 퇴근해서 집에 가자마자 잘 차려진 식탁 앞에 앉았다. 페터슨의 아내는 그가 가장 좋아하는 음식을 준비했다. 어제 페터슨이 쓰레기 버리는 일을 도와준 대가였다. 그는 하루 종일 일하고 돌아온 날에도 쓰레기통을 깨끗이 닦아주는 착한 남편이었다! 사실 그는 일터에서 모든 잡일과 뒤치다꺼리까지 도맡아 했다. 학교 안에서 뭔가가 고장 나면 즉시 출동해야 했다. 그에 따르면 다들 물건을 함부로 다루기 때문에 시도 때도 없이 뭔가가 고장 난다. 게다가 다들 배은망덕하다! 몇 년째 학교 관리인으로 근무하고 있지만 아무도 따뜻하게 손을 잡아주지 않는다. 그건 너무 끔찍한 일이 아닌가!

'정말 다들 잘해줘봤자 소용없다니까!'

페터슨의 아내는 그런 불쌍한 남편을 위해 욕조에 따뜻한 물을 받았다. 그녀는 남편이 조금 까칠한 면이 있다는 것을 알고 있다. 그는 상당히 무뚝뚝하고 퉁명스럽기도 하다. 하지만 그의 본심은 그렇지 않다. 친절하게만 말한다면 그는 뭐든지 다 해줄 사람이다. 겉은 거칠어도 속은 부드럽다. 그리고 정말 양순한 사람이다.

"까다롭게 굴지 않으면
내 중요성을 모른다고"

지금까지 이상한 사람의 12가지 유형 중 절반을 소개했다. 이쯤에서 아주 특별한 유형을 소개하고자 한다. 바로 한꺼번에 여러 가지 면들을 살펴봐야 하는 까다로운 척하는 사람이다. 당신은 자주, 심지어 규칙적으로 이런 유형의 사람과 맞닥트렸을 것이다. 당신이 조종당하고 어떤 식으로든 이용당했다는 것을 의식조차 못해 불쾌한 기분이 들지 않았을 수도 있다. 오히려 반대로, 까칠했다가도 당신 옆에서는 온순한 사람으로 바뀌어 이따금 우쭐한 기분이 들었을지도 모른다. 만약 당신이 이런 상태로 그냥 내버려두고 싶다면 이 장은 더 이상 읽지 않아도 된다. 비록 외부의 영향을 받았다고 할지라도 그런 쾌감을 느끼는 것 자체가 비난할 만한 일은 아니니까.

하지만 다른 한편으로는 이런 사람의 태도와 그에 대한 우리의 반응을 철저하게 살펴보는 것도 상당히 흥미로운 일이다. 당신은 이미 이런 사람을 어떻게 대해야 하는지 알고 있다. 그 사람이 어떤 맥락에서 행동하는지를 알기 때문에 그에게 동조하면서도 원하는 것을 얻어내고 좋은 기분까지 유지할 수 있다. 어쩌면 이 장을 다 읽고 난 후에는 그 사람을 상대하는 것이 훨씬 더 수월해질지도 모른다. 자, 그렇다면 이제 본격적으로 한번 살펴보자. 이런 사람들이 항상 무뚝뚝한 척하는 것에 비하면 페터슨은 상당히 친절한 편이다. 그런데

까다로운 척하는 사람

☞ 투덜투덜 불평하는 사람
☞ 일부러 까다롭게 구는 사람
☞ 세상에 대해 비관적인 사람
☞ 무뚝뚝하고 둔한 사람

{ 첫인상 }
유능하고, 부지런하고,
왠지 사랑스러워 보인다.

엄밀히 따져보면 그렇지도 않다! 자발적으로 표현했어야 할 감사하는 마음이 사실은 그에 의해 강요된 것이기 때문이다. 우리 주변에는 불평불만을 늘어놓음으로써 불편한 분위기를 조성하고, 그와 관련된 모든 사람을 방해꾼으로 취급하는 사람들이 얼마든지 있다. 이런 사람들은 직장에서, 가정에서 그리고 당신이 속한 어떤 조직 안에서도 얼마든지 만날 수 있다. 대부분의 사람들은 어떤 문제가 생겼을 때 별다른 불평 없이 일을 처리한다. 하지만 몇몇 사람들은 우선 다음과 같은 말을 던지면서 반응한다.

"이번에는 또 무슨 일이야?"

"한번이라도 그냥 조용히 내버려두면 안 돼?"

상대방이 이런 반응을 보이면 당신은 곧바로 움츠러든다. 폐를 끼쳤다는 사실에 마음이 불편하다. 하지만 당신은 정당한 사유를 가지고 그 사람을 찾아갔기 때문에 그냥 돌아갈 수 없어 계속 그 사람을 귀찮게 해야 한다. 그래서 당신의 요구 사항을 특별히 더 친절하고 예의 바르게 전달하려고 애쓴다. 당신이 나타남으로써 그의 짜증을 유발시킨 것을 어떻게든 상쇄시키기 위해서다.

"정말 죄송합니다만 잠깐만 실례할게요. 다시 이런 일로 귀찮게 해드릴 생각은 없습니다만 지금은 저를 좀 도와주실 일이 있어서 말인데요……."

그러면 상대방은 "뭐 그렇게 급한 일이라면 할 수 없죠." 하며 마지못해 당신의 요구 사항을 들어줄 것이고 당신은 과도하게 감사를 표시한다. 까다로운 척하는 사람 중 고단수는 이런 경우에 넌지시 미소까지 날릴 것이다. 그러면 당신은 그에 대해 긍정적으로 평가한다.

'그래, 저 사람은 겉으로는 까칠하고 까다로워 보이지만 실제로는 친절한 사람이야. 다음 기회에 감사 인사를 따로 전해야겠어.'

이렇게 생각하는 순간 당신은 바로 학교 관리인 페터슨 같은 사람의 속임수에 넘어간 것이다. 사실상 그는 불친절하고 부패한 사람이며, 다른 사람들의 죄책감을 불러일으키는 데 선수다. 까다로운 척하는 사람들은 다른 사람들에게 영향력을 행사하기 위해 그들의 권력을 사용하기도 한다. 상황은 명백하다. 당신은 그에게 무엇인가를 원한다. 당신이 부탁을 하는 입장이고 들어줄지 말지는 그에게 달려 있다. 학교 관리인 페터슨은 자신이 '갑'의 입장이라는 것을 알고 있다. 고장 난 칠판을 고칠 수 있는 사람은 오직 페터슨뿐이다. 자신만이 할 수 있는 일이기 때문에 다른 사람에게는 '루저'라는 기분을 심어준다. 하지만 그의 가장 주도면밀하고도 교묘한 조치는 다른 사람들이 양심의 가책을 느끼고 '을'의 입장에 서게 하는 것을 넘어서서 그의 '행복'과 '불행'에 대한 책임이 다른 사람들에게 있다고 믿게 만든다는 것이다.

우리는 그가 친절을 베풀고 싶은 마음이 들도록 노력해야 하고 우리의 노력이 결실을 맺으면 이 사람은 결국에는 자신과 자신의 삶을 조금 더 만족스럽게 느낀다. 그래서 우리는 평소에 하는 것보다 그를 더 많이 칭찬하고 그에게 감사의 마음을 전한다. 이는 물론 허위적인 권력이다. 신의 마음을 달래기 위해서 희생 제물을 바치는 것과 비슷하다. 그럼에도 불구하고 이 전략은 효과를 발휘한다. 그 결과 누군가 우리에게 서비스를 제공했는데, 우리는 여전히 그에게 채무를 지고 있는 것 같은 죄책감을 갖게 된다. 하지만 따지고 보면 누가 '갑'인가? 그리고 누가 그 결정에 따라야 하는가?

상대의 죄책감을 유발하고 저자세로 만든다

페터슨이 그런 수작을 부리지 않는 학교 관리인이라는 가정하에 똑같은 상황을 한번 상상해보자. 만약 그렇다면 다음과 같이 진행될 것이다.

 1학년 5반 담임 선생님은 칠판이 고장 나면 관리실에 전화를 걸어 그 사실을 알린다. 학교 관리인 페터슨은 작업 스케줄 표를 확인해본 후 유감스럽게도 오늘은 시간이 안 되니 내일 가서 살펴보고 가급적 빨리 고치겠다고 말한다. 담임 선생님은 고맙다고 말하며 고장 난 칠판과 관련된 일은 일단 접어둘 것이다. 관리인은 학교에서 월급을 주고 고용한 사람으로 칠판이 고장 나면 고쳐주는 것이 그의 업무이기 때문이다. 관리인에게 감사 인사를 전하기 위해 여학생들 편에 직접 만든 머핀을 보낼 필요도 없다. 선생님, 행정실 직원 그리고 학생들도 그가 모든 사소한 것들을 처리하거나 고쳐줄 때마다 저

자세로 부탁할 필요가 없을 것이다. 물론 이따금 감사의 인사를 전하고 가끔 직접 구운 머핀을 갖다 주기도 하겠지만, 친절한 페터슨 씨는 투덜대는 페터슨 씨보다 관심을 훨씬 덜 받을 것이다. 까다롭지 않고 주위 사람들을 못살게 굴지 않는 사람은 투명인간이 될 가능성이 높다. 까다로운 척하는 사람들은 본인이 혹시나 투명인간으로 취급당하지 않을까 두려운 것이다. 하지만 친절한 페터슨 씨라면 아마도 자신의 직업에 열등감을 느끼지 않을 것이다. 자신의 존재감을 확인하기 위해 다른 사람들에게 죄책감을 유발하거나 저자세를 취하도록 유도하지도 않을 것이다.

까다로운 척하는 사람들은 특히 서비스직이나 다른 사람의 지시를 따라야 하는 업종에 종사하는 경우가 많다. 이들의 내면에는 위축된 자의식이 깔려 있다. 자신은 원래 다른 큰일을 할 수 있는 사람인데 어쩌다가 이 일을 하게 되었다고 생각한다. 자신은 원래 다재다능한 사람인데 세상이 자신을 알아주지 않는다고 불평한다. 여기에 다른 사람들의 감정을 조종하고 이용할 수 있다는 자신감이 합쳐진다.

어쩌면 이들은 어렸을 때 부모를 힘들게 하면 쉽게 관심을 끌 수 있고 착하게 굴면 관심을 받지 못했던 경험을 했을지도 모른다. 자신이 중요한 존재라고 부풀리는 것은 히스테리나 나르시시즘의 증상이기도 하다. 까다로운 척하는 사람은 자신이 한 일을 실제보다 부풀림으로써 자신의 열등감을 감추려는 것이다. 학교 관리인 페터슨 같은 사람들은 정도(正道)를 걸어서는 목적지에 도달하기 힘들다는 것을 경험한 사람들이다. 그래서 그들은 일부러 까다롭게 굴어서 상대방을 굴복시킨다. 그렇게 해야만 자신의 존재감을 느낄 수 있기 때문이다.

까다로운 척하는 사람 대처법

모두가 까다로운 척하는 사람 때문에 괴로워하지는 않는다. 어떤 사람들은 견딜 수 없을 정도로 이상한 사람이라 여기기도 하지만 어떤 사람들은 배우자로 택할 정도로 의지할 만하다고 생각한다. 페터슨의 아내만 봐도 그렇다. 그녀는 쓰레기통을 씻어준 것에 대한 고마움의 표시로 그가 좋아하는 음식으로 저녁을 차리고 집에 돌아온 남편이 편히 쉴 수 있도록 배려한다.

하지만 많은 사람들은 애초부터 이런 사람과 관계를 맺지 않으려고 할 것이다. 그런 식으로 대응하는 사람의 의도에 말려들지 않는다. 그 사람에게 아주 당연하다는 태도로 도움을 요청한다. 그것으로 끝이다!

맞는 말이다. 그 사람에게 굽실거리면서 부탁을 해야 할 필요는 없다. 그 사람이 아무리 투덜거려도 신경 쓸 필요가 없다. 그 사람에게 무리한 부탁을 하는 게 아닐까 하는 생각이 들면 오히려 자기 내면의 목소리에 귀를 기울여야지 죄책감을 느낄 일이 아니다. 물론 적당한 죄책감은 나쁜 것이 아니다. 우리는 자신의 실수를 인식하고 이것을 바탕으로 불편한 감정을 느낌으로써 앞으로는 더 잘할 수 있는 계기로 삼는다. 보통의 사람들은 죄책감과 수치심을 오랫동안 품고 있지 않는다. 교훈을 얻고 나서 재빨리 그 감정에서 벗어날 뿐이다.

그렇다면 우리는 왜 이런 사람 때문에 괴로워하는 걸까? 자기 자신에게 아주 엄격한 사람들, 즉 프로이트에 의하면 '초자아'에 강하게 압박을 당하는 사람들은 자신이 저지른 실수를 자신의 인격과 연관 짓는다. 다시 말하자면 이들은 자기 자신에게 관대하지 못하다. 그들이 느끼는 죄책감과 수치심은 자기 존재를 부정하는 사태로까지 발전한다. 또한 지나친 책임 의식으로 괴로워하는 단계에 이른다.

학교 관리인 페터슨 같은 사람은 상대방이 이런 사람이면 이를 귀신같이 알아본다. 주변에 이와 같은 사람이 있다면 한번 주의 깊게 살펴봐라. 그가 모든 사람에게 그렇게 행동하지는 않을 것이다. 그는 만만한 상대를 발견했을 때, 자신의 본분을 망각하고 그에게 책임을 전가시키며 무안을 준다. 그러고는 지속적으로 자기가 없다면 모든 일이 제대로 돌아가지 않는다고 주입시킨다. 누군가를 힘들게 하고 싶지 않고, 부도덕한 일을 하고 싶지도 않은 상대방은 자신의 실수 때문에 페터슨이 이렇게 힘들어하는 거라고 생각한다.

'아, 내 실수로 칠판이 고장 나서 저분을 힘들게 하고 있어…….'

이렇게 생각하면서 스스로를 위축시킨다. 자신이 나쁜 사람이 된 것 같아 어쩔 줄 몰라 한다. 그는 페터슨이 자신을 무책임하다거나 나쁜 사람으로 여기지 않기를 간절히 바란다. 그래서 그에게 감사 표시를 하고 항상 웃는 낯으로 대하려고 감정 노동을 한다. 친절하고 예의 바르게, 서로 돕고 사는 게 올바르다고 생각하는 그 사람은 페터슨을 대할 때 웃음을 잃지 않으려고 노력한다.

자, 그렇다면 어떻게 해야 하겠는가? 까다로운 척하는 사람을 대할 때 가장 중요한 것은 감정에 휘둘리지 않아야 한다는 것이다.

'나는 저 사람에게 빚진 게 없다.'

'이것은 저 사람이 당연히 해야 할 업무다.'

이 생각을 마음속에 단호하게 새겨야 한다. 그렇게만 한다면 죄책감, 수치심 등의 감정에 휘둘리지 않을 수 있다.

생각해보면 너무나 당연한 일이 아닌가. 페터슨의 직업은 학교 관리인이다. 그러므로 고장 난 칠판을 고치는 것은 그의 업무 영역일 뿐이다. 왜 당신이 그에게 빚을 진 사람처럼 굴어야 한단 말인가! 그가 아무리 불만을 토로하고 괴로워하더라도 결코 동요해서는 안 된다. 그것이 핵심이다. 그의 불만족은 당신의 인격과는 전혀 상관이 없다.

다른 것은 다 필요 없다. 이 사실만 인지하고 있으면 비슷한 상황에 처했을 때 죄책감의 블랙홀에 빠지지 않을 수 있다. 그 사람의 말에 동조를 해주지 말라는 말이 아니다. 동감을 표하더라도 서로의 책임과 본분, 원칙의 테두리 안에서만 하면 된다.

불필요한 저자세. 그것이 문제다.

당신은 오로지 마음으로부터 우러나올 때만 감사를 표하면 된다.

9호선
불평불만이 많은 사람

나만 옳고 나만 중요한 히스테리 증상

"세상 사람들아! 나 정말 억울해서 못살겠어!"

규정된 법규를 따르지 않는 자들.
불법을 동원해 상관을 괴롭히는 자들.
분명한 경고를 받았음에도
지속적으로 불만을 제기하는 자들.
(……)
이와 같이
방자하고 제멋대로인 자들을
'악질적 불평가'로 간주한다.
이들은 법적으로 정당한 처벌을 받게 될 것이다.

— 프로이센 법률 30조, 1793년 6월 6일

평화로운 시간을 망쳐놓은 불평주의자

파울라는 정원이 딸린 작은 레스토랑에서 맛있는 점심을 먹고 있었다. 따뜻한 봄볕이 내리쬐는 그 순간이 너무나 아름다워 파울라는 시간을 천천히 흐르게 하는 단추가 있다면 누르고 싶은 심정이었다.

"식사 맛있게 하셨나요?"

종업원이 옆 테이블에 앉은 손님에게 물었다.

"아, 정말 손님을 바보 취급하는 거야 뭐야……."

파울라는 옆 테이블 쪽으로 몸을 돌렸다. 40대 중반의 여자가 투덜거리고 있었다. 그녀의 테이블에는 빈 접시와 한 모금 정도만 남은 와인 잔이 놓여 있었다. 방금 식사를 다 마친 것 같았다. 옆에 서 있는 여대생 종업원은 접시를 치워도 되는지를 몰라 당황해하는 기색이 역력했다. 불평을 늘어놓는 여자 손님 때문에 화가 났을 텐데도 전혀 티 내지 않고 물었다.

"손님, 무슨 일 때문에 그러세요?"

"이봐요. 알다시피 토마토라는 것은 빨간 과육인데 말이에요. 방금 내가 먹은 토마토 오믈렛에는 초록색 부분만 잔뜩 올라와 있었어요. 이게 우연일까요?"

파울라는 혹시 누군가가 '몰래 카메라'를 찍고 있는 상황은 아닌지 의심해보았다. 하지만 옆 테이블의 여자가 곧 활짝 웃으면서 이렇게 말할 것 같지는 않았다.

"놀라셨죠? 다 장난이었어요. 설마 요리사님이 파란 부분만 남겨서 제 접시에 올려놓으셨겠어요."

"불만 사항이 있으시면 제가 요리사님에게 전달하겠습니다."

종업원은 이렇게 말하며 여전히 미소를 지어 보였다.

"그러면 뭐해요! 당연히 그런 적이 없다고 딱 잡아떼겠죠! 내가 이 바닥 생리를 모를 것 같아요? 돈 긁어모으려고 손님들 등쳐 먹는 거 아니에요!"

종업원은 접시를 치우기 시작하며 말했다.

"미리 말씀해주시지 그러셨어요. 그럼 다시 만들어드렸을 텐데요."

"이것 봐요. 내가 왜 여기서 밥을 먹겠어요? 당연히 배가 많이 고프니까, 빨리 먹으려고 온 거 아니겠어요? 음식을 다시 만들 때까지 어떻게 기다리라는 말이에요!"

파울라는 그 여자가 메뉴를 주문할 때도 까다롭게 굴었고 빨리 달라고 재촉까지 했던 게 생각났다. 그때도 뭐가 마음에 안 드는지 종업원에게 지적질을 해댔다. 이 식당에서 가장 문제인 건 자기 자신이라는 사실을 그 여자는 절대 모를 것이다. 파울라는 다른 테이블로 자리를 옮길까 잠시 생각했다. 빈자리를 찾다 보니 그쪽에는 그늘이 져 있고 출입구 앞이기는 하지만 이런 식의 불평불만은 들리지 않을 것 같았다. 그때 종업원은 처음으로 불편하다는 기색을 조금 내비쳤다. 하지만 그녀는 결국 사과를 하고 잠시 사라졌다가 곧이어 호의적인 제안을 갖고 돌아왔다.

"불편을 끼쳐드린 점에 대한 사과의 뜻으로 디저트나 커피를 제공해드리겠습니다."

"그 제안은 받아들일게요. 하지만 그렇다고 해도 나는 음식 값을 지불할 생각이 없어요."

"손님께서는 이미 계산서를 요청하셨습니다. 그래서 계산대에 등록이 된 상태이고요. 유감스럽지만 그 부분은 제가 어떻게 해드릴 수 없습니다. 하지만 대신에……."

"정말 뻔뻔하기 짝이 없네!"

여자가 갑자기 자리를 박차고 일어나자 의자가 커다란 굉음을 내며 뒤로 쓰러졌다.

"내가 모든 내용을 다 빠짐없이 메모해뒀으니까 당신 사장하고 얘기 좀 해야겠네요. 그래도 안 되면 관할 당국에 신고할 겁니다. 거기 내가 아는 사람들이 좀 있으니까 민원을 넣으면 가만히 있지 않을 거라고!"

이제 그 여자의 목소리가 너무 커져서 옆자리에 앉은 파울라뿐만 아니라, 레스토랑에 있는 다른 모든 손님들도 무슨 일이 벌어지는지 알게 되었다. 여자는 그런 상황이 마음에 드는지 주위를 둘러보며 동조를 구하는 듯 보였다. 이 장면만 본다면 여자의 말이 타당하다고 생각할 노릇이었다. 종업원은 어쩔 줄 몰라 하는 기색이 역력했다. 파울라는 종업원의 인내심에 감탄했다.

"저는 정말 죄송하다는 말씀밖에 드릴 수 없습니다. 하지만 식사 하신 금액이 이미 계산대에 등록되었고 만약 손님께서 계산을 하지 않으시면 영업 마감 후에 금액이 맞지 않을 겁니다."

이 말에도 여자는 아랑곳하지 않고 그저 어깨만 으쓱해 보였다.

"나는 절대로 계산할 생각이 없어요. 그건 꿈도 꾸지 마세요. 모자란 금액은 당신이 받은 팁으로 채워 넣으면 되겠네요, 안 그래요?"

봄날 재잘거리던 새들마저 주둥이를 다물었는지 사위가 순식간에 고요해졌다. 파울라는 그 망할 토마토 오믈렛이 도대체 얼마인지, 그 돈을 옆 테이블에 쾅 하고 내려놓고 여자에게 한마디 쏘아붙이고 싶은 충동을 느꼈다. 그러면 저 여자는 입을 다물 것이다. 파울라가 잠시 생각하는 사이 종업원은 자리를 뜨고 여자도 사라져 기회를 놓쳐버렸다.

파울라가 종업원에게 팁을 넉넉히 주기는 했지만 그래도 돈이 모자랄 것이 분명했다.

그녀는 찝찝한 기분으로 식당에서 나왔다. 하루를 망쳐버렸다. 파울라뿐 아니라 종업원 그리고 어쩔 수 없이 구경꾼이 되어야 했던 다른 많은 손님들도 마찬가지일 것이다. 하지만 한 사람만은 기분이 좋을 게 분명했다. 이 세상은 참 불공평하다.

"난 정의감이 투철할 뿐이야!"

예외적으로 이번 장에서는 이상한 사람에 대한 변명부터 시작해보자. 그렇다. 하필이면 신경에 거슬리고 귀찮게 굴고 자기만 옳다고 주장하고, 이 세상에 대한 길고 긴 비방 책자를 만들어 공격하고, 자신을 제지하는 모든 사람들을 적이라고 욕하는 것 말고는 할 일이 없어 보이는 그런 사람들을 위해서 말이다.

이런 사람들이 주변에 많으면 귀찮은 일이 생기곤 하지만 그래도 우리는 이들에게 고마워해야 할 때가 있다.

이들은 늘 정당한 대우를 받지 못한다고 생각하기 때문에, 스스로 힘을 키우고 잘못이라고 추정되는 것을 발견하면 바로잡기 위해 많은 시간과 노력을 투자한다.

서비스 업체 직원이나 관청의 공무원들에게 이들은 짜증 나는 존재가 아닐 수 없다. 하지만 이들이 끈질기게 추적한 덕분에 결백한 수감자가 혐의를 벗거나 의료진의 실수가 밝혀지거나 환경 스캔들의 진실이 밝혀지기도 한다.

일상생활 속의 영웅이 관료주의에 물든 사람들에 맞서 싸우다가 마침내 승리하는 이야기는 영화나 소설 속 단골 메뉴이다. 에린 브로코비치, 마틴 루터 킹, 잔 다르크, 그리고 어떻게 보면 로빈 후드까지. 이 영웅들은 사실 넓게 보면 불평불만이 많은 사람들이었던

불평불만이 많은 사람

☞ 소송을 좋아하는 사람
☞ 매사에 원칙만 따지는 사람
☞ 목소리가 크면 이긴다고 생각하는 사람
☞ 논쟁을 즐기는 싸움닭

{ 첫인상 }
열성적이고, 정보에 밝고, 공평하고, 청렴결백해 보인다.

것이다. 실제로 오래된 법체계의 개선에 기여한 대법원 판결의 약 80%는 불평불만이 많은 사람들에 의해 이루어졌다.[21] 기자들은 민감한 사안을 취재할 때 이런 사람들의 포괄적인 지식을 인정하면서 이들을 통해서 소중한 정보를 얻기도 한다. 심지어 베를린에 있는 '민주주의와 인권의 집'(Haus der Demokratie und Menschenrechte, 50개가 넘는 시민단체와 NGO가 모여 있는 단체–옮긴이)에는 자신의 이익을 대변해주지 않아[22] 지속적으로 관할 당국과 다툼을 벌이는 사람들을 위한 민원 창구가 따로 있다. 이들의 주장은 아마도 맞을 것이다.

반면에 법원은 또 어떤 소송광이 수페이지에 이르는 소송을 제기할 때 한탄하곤 한다. 이웃집의 잣나무 가지 때문에 피해를 보고 있다는 사소한 사건이 대부분이기 때문이다. 또, 방송사와 신문사의 편집국 테이블과 이메일 사서함에는 반드시 공개되기를 바라는 독자들의 편지들이 쌓여 있다. 북부 독일에 사는 '신고왕 호르스트'에 관한 얘기를 들어본 적이 있는가? 그는 조기 퇴직자로 8년 동안 3만 건이 넘는 신고를 접수했다.(대충만 계산해도 주말을 포함해서 하루에 약 10건이다!) 대부분은 불법 주차 신고였으며, 그중에는 인명 구조 중인 헬기도 있었다. 그는 유래 없는 신고 접수 건수로 위키피디아에도 이름을 올린 유명인이 되었으며 그의 활동 덕분에 그가 사는 행정구역에서는 하수도 요금과 쓰레기 비용을 새로 산정해야 했다. 어쩌면 그는 정말로 영웅일지도 모른다. 하지만 누구도 '신고왕 호르스트' 같은 사람의 옆집에 살고 싶지는 않을 것이다.

그렇다면 영웅과 불평불만이 많은 사람의 경계가 어디일까? 열렬한 참여자와 신경질적인 싸움꾼, 정의감 넘치는 투사와 규칙에 얽매이는 원칙주의자 사이의 경계는 어디일까? 상대가 비판적인 사람 그 이상이라는 것을 암시하는 기준이 몇 가지 있다. 다음에 나오는 특성 중 여러 가지 기준에 부합한다면 그 사람이 바로 불평불만이 많은 사람이라 할 수 있다.

불평불만이 많은 사람 구별법

- 이 사람은 여러 페이지에 걸쳐 구구절절 길게 사연을 쓰는 경향이 있다. 이때 특별히 강조하는 부분(밑줄, 굵은 글씨 또는 이탤릭체)이 많고 느낌표를 남발하지만 구조는 엉성하다.
- 독백을 하거나 흥분해서 고함을 지르는 경우가 많다. 서로 의견을 주고받고 동등하게 발언하는 식의 정상적 대화는 불가능하다.
- 자기중심적이기 때문에 사안을 객관적으로 보지 못한다. 모든 반론을 인신공격으로 받아들이기 때문이다.
- 자신의 마음에 들지 않는 모든 일에는 엄청난 음모가 도사리고 있다고 생각한다. 이들의 주장에 따르면 이 일에는 가장 윗선이 개입돼 있는 것이 분명하다. 그리고 거의 모든 사람들이 연루되어 있다.
- 해당 주제에 관한 한 자신이 절대적인 전문가라 생각한다. 실제로 전문가들보다 아는 것이 더 많을 수 있으나 자신의 의견

에 맞는 증거들만 인용한다.
- 자신의 목적을 위해 사용할 수 있는 새로운 증거를 눈에 불을 켜고 찾아다닌다. 너무 많은 시간과 에너지를 투자해서 정작 자신의 삶은 뒷전인 경우가 많다.
- 불신은 이런 사람들의 두 번째 본성이다. 지극히 중립적인 반응이나 친절한 호응도 왜곡해서 받아들인다. 모든 사람들이 자신을 속이거나 공격하려 한다고 여긴다.
- 적수를 대할 때, 결코 고상을 떨지 않는다. 본인이 모욕적 언사, 비열한 비방 등을 거리낌 없이 사용하면서도 공격당하고 있다고 느낀다.
- 노력 대비 이득의 상관관계를 의식하지 못한다. 현재 자신이 매달리고 있는 문제가 세상의 전부라 보고 모든 노력을 총동원하려고 한다.
- 해결 지향적인 또는 절충점을 찾는 행동과 생각을 하지 못한다. 대립하여 받아들일 수 있는 결과는 단 한 가지다. 바로 자신의 요구를 들어주는 것이다. 그 외 다른 모든 것은 완전히 잘못되고 부당한 것으로 하찮게 생각한다.
- 이들을 만족시킬 만한 해결책을 찾는 것은 어차피 불가능하다. 이들의 인생 과제는 화해가 아니라 다툼이기 때문이다.

싸움 자체가
목표인 사람들

불만이 많은 사람, 불평가라는 뜻의 독일어 'Querulant'는 '하소연하다, 흐느끼다, 항의하다'를 뜻하는 라틴어 'querulus'에서 유래한 단어이다. 심리학자들은 불평불만이 많은 사람을 '의심이 많고 상처를 잘 받고 불평을 늘어놓지만 예의 바르고 예민한 사람'이라고 정의한다. 하지만 이들 중에는 모든 이성적인 제안을 반박하고 시도 때도 없이 다른 사람의 잘못된 행동을 품평하고, 쉽게 흥분하고, 늘 주어진 상황에 만족하지 못하는 사람들도 많다.[23] 이들은 여러 유형, 즉 어느 분야에서 주로 활동하느냐에 따라 법 불평가, 직업 불평가, 연금 불평가, 결혼 불평가, 구금 불평가 그리고 집단 불평가[24] 등으로 분류된다.

이들에게는 뭔가를 즐거워하는 능력이 결핍되어 있다. 마치 금욕주의자처럼 유머감각이 없고, 편안함을 즐길 줄 모른다. 그러니 패션이나 외모, 집안 인테리어, 좋은 음식 등에 별로 가치를 두지 않는다. 현재 싸워서 바로잡아야 할 불의에 비하면 하찮은 것들이라 여기는 것이다.

아무리 햇살이 따사로운 레스토랑의 정원에 앉아 좋은 음악을 들으며 상쾌한 하루를 시작해도 불평불만을 멈추지 않는다.

편안한 레스토랑의 정원에서 오믈렛 안에 든 토마토 조각 때문에 흥분해서 목소리를 높이며 과민반응을 보인 그 여자 손님처럼 말이다. 우리는 그 여자가 이상한 사람이라고 생각한다. 그런데 실제로 '광적인 불평가'라는 말은 과장된 표현이다. 여기서 우리가 정의하는 불평불만이 많은 사람은 상당히 신경이 거슬리기는 하지만 '광적인 불평가'와는 약간 다르다. '광적인 불평가'는 망상에 빠진 사람들로 현실감각이 뒤떨어진다. 불평불만이 많은 사람이 정도를 넘어서 억지 주장을 할 때는 '광적인 불평가'와 다르다고 말하기 힘들 때가 있다.

아까 말한 여자 손님의 경우를 보자. 그녀는 요리사들이 손님들에게 내놓는 음식에 일부러 토마토의 맛없는 부분만 골라 넣고 하루 종일 어떻게 손님들을 등쳐 먹을까를 고민하는 것처럼 주장하고 있다. 그렇다면 옆 테이블에 앉아 있던 파울라 같은 제3자는 다음과 같은 생각을 하게 될 것이다.

'저 여자는 대체 누구한테 화를 내고 있는 거야? 종업원? 요리사? 식당 전체? 아니면 심지어 온 세상?'

여자가 불평하는 상대는 거대하고 막강한 세력인 것 같지만 막상 따져보면 추상적이고 실체가 없다. 이런 식의 주장을 자신 있게 펼치는 불평가들은 자신이 엄청나게 큰 목표를 추구하고 있다고 강하게 확신한다. 그렇게 해야만 자신의 행동이 정당화되고 그와 동시에 적을 두려워하지 않을 수 있기 때문이다. 또 실체가 없는 대상을 공격해야 실패할 확률이 줄어들기 때문이기도 하다.

이들의 목표는 이기는 데 있지 않다. 싸움 그 자체에 있을 뿐이다. 이쯤 되면 다들 눈치챘겠지만 이것은 외부와의 싸움이 아닌 자기 자신과의 싸움이라 봐야 한다. 이들은 내부의 싸움이 괴롭기 때문에 시선을 돌리기 위해 외부로 눈을 돌려 싸움을 일으킨다. 남들은 보통 소망, 그리움, 열망으로 내면을 채우지만 불평가들은 싸움으로 그 자리를 채운다. 이들은 마치 '나는 싸운다, 고로 존재한다.'라고 외치는 듯 싸움에 온 열정을 건다. 싸움의 주제는 사실 그다지 중요하지 않을지도 모른다. 싸움의 상대와 목적 역시 마찬가지이다. 단지 겉으로 보기에 중요해 보이면 된다. 세상을 움직일 수 있는 소재, 사람들의 이목을 끌 수 있는 사건이라면 더욱 만족스러울 것이다. 그 속에 위축되고 황폐해진 자아를 감출 수 있기 때문이다.

나는 중요한 사람이야!

우리가 지금 다루고 있는 불평가의 경우에는 앞서 언급한 네 가지 인격 장애와 전부 관련되어 있다. 그래서 이런 유형의 사람을 상대하는 것은 매우 힘들다.

우선 이들은 나르시시즘적인 태도를 분명히 드러낸다.
"나는 특별한 임무를 수행해야 한다고!"

이런 거창한 명분을 내세우며 내적인 공허를 능숙하게 감춘다. 나르시시즘적인 불평가의 가까운 곳에서 생활하는 사람은 그가 원하든 원하지 않든, 이런 사고방식에 점차 물들게 마련이다. 그렇게 해야 삶이 더 의미 있어 보이기 때문이다.

반사회적인 성향은 불평가가 상대방에게 모욕이나 비난을 퍼부을 때 드러난다. 그는 아주 조금이라도 다른 사람의 입장이 되어 그들의 동기를 적어도 한 번이라도 생각해볼 수 있는 능력을 갖고 있지 않다. 대항하는 사람은 곧바로 제대로 된 대우를 받을 가치가 없는 기피 인물로 치부된다.

게다가 이들은 모든 에너지를 한곳에 집중시키는 경향이 있기 때문에 가까운 사람들과 사이가 틀어진다. 친구들과 가족들은 점점 지쳐가고 언젠가는 등을 돌리게 된다. 적대적이고 편협하고 게다가 재미없는 이들은 점점 아웃사이더가 되어간다. 하지만 그가 만약 반사회적인 성향의 불평가라면 이를 완전히 다르게 받아들인다.

"다들 한통속인 것이 분명해!"

이들에게는 내 편 아니면 네 편만 있지 중간이란 상상할 수조차 없다. 여기에는 경계선 인격 장애의 특징인 방어 메커니즘이 작동하고 있는 것이다. 이들은 진실("요리사들이 돈에 눈이 멀어 오믈렛에 토마토 찌꺼기를 넣는다.") 또는 거짓말("오믈렛에는 아무런 문제가 없었어요.")만 존재하고 그 중간은 다 쓸데없는 말("만약 그 오믈렛에 유독 토마토 끝부분이 많이 들어 있었다면 그저 우연일 뿐이다.")이라 치부한다. 내 편이 되어주는 사람은 친구고, 다른 편에 서면 적이다. 이 싸움에 말려들고 싶어 하지 않는 사람은 멍청하거나 또는 적으로부터 조종당한 것이라 여긴다.

또 히스테리성 성격은 의견을 표출할 때 사용한다. 거창하고, 중요한 명분으로 세상과 싸우는 모습을 보여줘야 하기 때문이다. 이들은 용감한 전사 역할이 마음에 들기 때문에 전력을 다한다. 자신의 의견을 말한다기보다는 세상을 향해 소리를 지른다. 직접 소리를 지르든 글을 써서 호소하든 싸움꾼으로서 역할을 보여줘야 하기 때문에 과장된 연기, 즉 히스테리성 성격이 드러나게 된다. 파울라의 옆 테이블에 앉았던 여자는 얼마든지 조용히 항의할 수도 있었다. 하지만 지켜보는 사람이 없다면 뭣 때문에 항의를 하겠는가.

불평불만이 많은 사람 대처법

불평가와 잘 지내는 것은 결코 만만한 일이 아니다. 가까운 주변 사람들 중 대부분은 함께 싸우든가 그냥 등을 돌리든가 둘 중 하나를 선택해야 하는 순간이 온다. 모든 것에 개입하지 않는 중간자적 입장을 선택할 수 있는 가능성은 존재하지 않는다. 내 편 아니면 네 편이어야 한다.

그렇기 때문에 특히 애인이나 배우자가 같이 불평가로 발전하는 경우가 종종 있다. 신고 서류 한 무더기를 우체국으로 들고 가거나 함께 엄청난 양의 항의 전단을 나눠준다. 이들에게 본인의 의견을 물어보면 비록 입을 열긴 하지만 애인이나 배우자의 의견을 앵무새처럼 반복할 뿐이다. 슬프게도 이런 식의 자포자기는 불평가들의 곁에서 견딜 수 있는 유일한 방법이다. 이렇게 하지 못하거나 하고 싶지 않은 사람은 관계를 끝내고 떠나야 한다. 실제로 강박적으로 불평불만을 안고 사는 사람들 중에는 혼자 사는 사람, 별난 사람이 많다.

이 모든 소동을 안전한 거리에서 지켜본다고 하더라도(옆 테이블에 앉은 파울라가 비자발적으로 관객이 됐던 것처럼) '아군'이든 '적군'이든 불평가의 체계 안으로 들어가지 않도록 조심해야 한다. 만약 파울라가 진짜로 자리에서 일어나 입바른 소리를 하면서 불만을 늘어놓는 그 여자의 밥값을 지불했다고 해도 상황은 더 나아지지는 않았을 것이다. 불평가는 이런 도발적인 행동을 구실로 더욱더 목소리를 높이고 무절제하게 행동했을 가능성이 높다.

아무런 잘못도 없는 사람이 당하고 있는 것을 가만히 지켜보는 것은 쉬운 일이 아니다. 하지만 불평가 앞에서는 무엇이 옳고 그른지를 증명하고 싶은 욕구를 감춰야 한다. 그렇지 않으면 불필요하게 일이 커지기 때문이다. 파울라가 종업원을 조용히 자기 테이블로 불러 편들어주는 말을 해주는 것이 가장 좋다.

"정말 훌륭하게 대처를 잘 하시네요! 혹시나 저 진상 손님 때문에 사장님하고 문제가 생기면 제가 도와드릴게요. 여기 제 명함이 있습니다."

만약 불평가가 당신을 '적'으로 간주한다면 어떻게 해야 할까? 책상에 수페이지에 걸친 항의 편지가 도착하고 하루에도 몇 번씩 그 사람이 전화를 해대면서 당신의 평온한 일상을 방해한다면? 대부분의 경우 불평가에게 양보하고 그냥 맘대로 하라고 내버려둔다. 이들과 대립하는 것은 피곤한 일일뿐더러 승산도 없기 때문이다.

법원에는 이런 사람들의 항의 서한만 전담하는 직원이 따로 있다. 또 일부 성실한 판사들은 이들을 긍정적으로 평가하기도 한다. 이들 덕분에 법조문을 다시 철저하게 연구하는 기회를 얻게 되었다고 생각할 수도 있을 것이다. 하지만 모든 법 조항은 다양하게 해석될 여지가 있다. 불평가가 그토록 격렬하게 요구하는 것, 즉 절대적인 정의란 존재하지 않기 때문이다. 개인적인 법 감정은 늘 순전히 주관적인 것이지만 불평가는 그런 점을 인정하지 않는다. 그는 어차피 오직 자신만 옳기 때문에 다른 사람들도 그가 옳다고 말해주기를 바랄 뿐이다. 당신이 아무리 노력한다고 해도 그의 요구를 절대로 채워줄 수가 없다. 그는 절대 만족할 수 없고, 그것은 당신과 아무런 상관이 없는 일이다.

그렇다면 당신이 할 수 있는 일은 무엇일까? 일단 첫 번째 조언은 당신 자신에게 공감을 해주라는 것이다. 당신은 신경에 거슬리고 짜증이 나고 화가 나고 아마도 불안할 것이다. 그렇다면 당신의 욕구를 표현해보자. 지금 당신에게 필요한 것은 무엇인가? 당신은 누군가에게 휘둘리지 않고 평온해지기를 바란다. 그러려면 당신과 같은 입장에 서 있는 다른 사람들이 필요할지도 모른다. 그들과 함께 모여서 의견을 나누고 소통을 해야 한다. 지속적으로 불평가하고만 만나다 보면 나도 모르게 그 사람의 체계 속으로 빨려 들어갈 위험이 있다. 하지만 다른 사람과 이야기를 하게 되면 다시 평정심을 찾을 수 있다. 그들과 만나 서로에게 다음과 같은 확신을 심어줘라.

'우리는 최선을 다하고 있다. 나쁜 일을 도모하려는 것이 아니다. 누구를 해치려는 것도 아니다. 우리 각자는 솔직한 의견을 밝힐 권리가 있다.'

그러면 불평가는 또 이렇게 반응할 것이다.
"다들 나를 해치려고 작당하고 있어!"

하지만 개의치 마라. 그 대신 당신은 그다음 단계로 넘어가 불평가에게 공감을 해주면 된다. 그가 불평가가 되어버린 진짜 이유가 무엇일까? 그 사람은 아마도 부당한 대우를 받았던 경험이 있을 것이다. 자신의 본질적인 고통은 차마 해결하지 못하니 다른 문젯거리를 찾아 수백 수천 건의 신고를 접수하고 끝도 없이 소송을 제기하는 것이다. 이를 비유하자면 가로등 밑에서 콘택트렌즈를 찾고 있는 남자와 같다. 지나가던 행인이 그를 도와주기 위해 그곳에서 렌즈를 잃어버린 것이 맞는지 묻는다. 이때 남자는 이렇게 대답한다.

"아니요. 콘택트렌즈는 저기 뒤쪽에서 잃어버렸는데 그쪽은 너무 어둡잖아요."

이렇듯 불평가가 되어버리기까지 그에게는 많은 사건이 있었을 수도 있고 단 한 번의 큰 사건이 있었을 수도 있다. 하지만 중요한 것은 그가 자신의 본질적인 상처를 돌보지 못한다는 것이다. 자기 내면에서 '어둠'을 찾아내는 것이 두렵기 때문이다. 그러니 그는 끊임없이 불평불만을 제기해서 두려움을 잊으려 노력한다. 그의 내면에는 이런 심리가 도사리고 있다.

'내 안에 어떤 점이 날 아프게 하는지는 모르겠어. 사실 알고 싶지도 않아. 근데 불평불만을 제기하고 나면 속이 좀 후련하고 기분이 편안해져.'

만약 당신이 정말로 불평가와 잘 지내고 싶거나 반드시 그래야 한다면 그를 이해하고 싶지만 이해할 수 없다고 분명히 밝혀야 한다. 당신이 평온해지기 위해서는 불평가가 변해야 한다. 그에게 진심을 말하는 것에서부터 변화는 시작될 것이다.

10호선
그때그때 인격이 달라지는 사람

권력 서열에 따라
행동을 달리하는 이중인격

"너도 억울하면 성공하든가!"

안전을 얻기 위해
자유를 포기하는 사람은
결국 둘 다 잃게 될 것이다.

― 벤저민 프랭클린(Benjamin Franklin)

위로는 굽실거리고 아래는 짓밟는 이중인격자

드디어 토요일! 스트레스가 많았던 이번 주도 무사히 지나갔다. 정당 사무실에서 행정 담당관으로 일하는 마리안네는 장을 보고 돌아오는 길에 깜짝 놀랐다. 가로등 세 개 건너 하나마다 그 사람의 사진이 걸려 있었던 것이다. 보고 싶지 않은 사람을 계속해서 보게 되면 곧 있을 선거 때 사고를 치게 될지도 모르니 정말 각별히 조심해야 했다. 그 사람은 이삿짐 박스를 들고 미소를 지으며 상당히 역동적인 모습을 연출하고 있었다.

'우도 헤벨트, 직접 발로 뛰는 후보!'

이 문구를 보자 마리안네는 현기증이 일어날 지경이었다.

오늘 자 조간신문에는 지나가는 행인들에게 다음 주에 있을 주의원 선거에서 어떤 후보를 찍을지 묻는 인터뷰 기사가 실렸다.

"저는 이번에도 우도 헤벨트를 찍을 겁니다. 지난 몇 년간 우리 도시를 위해서 정말 많은 일을 했거든요!"

그런 다음에 사례가 이어졌다. 수영장을 리모델링했고, 유아 보육 시설을 확대했고, 보행자 교통사고가 많은 도로에 신호등을 설치했고, 또 뭐 했고, 뭐 했고, 뭐 했고! 마리안네는 우도 헤벨트가 단 한 가지는 정말 잘한다고 생각했다. 바로 스트레스 주기!

"마리안네 씨, 당 대표님과 전화 연결하는 게 그렇게 힘듭니까?

무능력한 겁니까, 아니면 그런 척하는 겁니까?" "마리안네 씨, 커피 좀 가져와요, 빨리요!" "마리안네 씨, 내가 오늘 아침에 선거운동 행사 스케줄 달라고 하지 않았나요? 대체 여태 안 가져오고 뭐 하는 겁니까!"

"지금 정리하고 있어요. 근데 저희가 요즘 인력이 많이 모자라는 거 알고 계시잖아요."

"일을 좀 효율적으로 하면 되죠! 의지가 있다면 안 되는 게 어디 있습니까!"

그는 이런 말을 하면서 그녀의 어깨를 세게 두드리며 문을 쾅 닫고 나갔다. 마리안네는 목이 조여오고 입이 바짝바짝 마르고 손이 덜덜 떨리는 상태로 삼분의 일 정도밖에 훑어보지 못한 어마어마한 높이의 서류 더미 앞에 앉아 있었다. 금요일 점심때 있었던 일인데 여전히 마음속에 남아 있었다. 저녁 8시까지 일을 하고 그가 요청한 서류들을 제출했음에도 불구하고, 월요일에 다시 그의 얼굴을 봐야 한다니 벌써부터 섬뜩했다. 분명히 또 뭔가 트집 잡을 구실을 찾아낼 것이다. 틀림없다! 그녀는 헤벨트가 어제 왜 그토록 흥분했는지 잘 알고 있었다. 당 대표의 전화를 받은 직후였기 때문이다. 당 대표 역시 선거운동과 관련된 문제에 있어서는 상당히 말을 직설적으로 하는 편이었다. 여론조사 결과가 신통치 않게 나와서 상당한 압박이 가해졌다. 이번 선거 결과가 안 좋게 나온다면 책임은 당연히 헤벨트가 져야 한다. 마리안네는 이런 전화를 헤벨트에게 연결시켜 주고 나면 곧바로 마음의 준비를 해야 했다. 그는 이런 전화를 받고 나면 늘 그렇듯 일단 아무 방에나 들어가 화풀이를 해댔다. 그런데 하필 그녀가 바로 옆방을 쓰고 있었다…….

저기, 또 다른 선거 벽보가 보였다.

'우도 헤벨트, 속도를 내는 후보!'

이번에는 운동복 차림으로 자전거에 올라타 미소를 짓고 있는 사진이었다. 마리안네는 정말 딱 어울린다고 생각했다. 윗사람한테는 굽실거리고 아랫사람은 밟아버리고! 그녀가 아는 헤벨트의 모습이었다. 그는 다른 사람들을 몰아붙일 때에만 속도를 내는 사람이다. 그는 늘 직원들의 책상이 서류 더미로 가득하게 만들었다. 하지만 서류 더미와 더불어 늘 새로운 명령이 따라오기 때문에 절대로 혼자서는 다 처리할 수 없었다. 하지만 그는 전혀 개의치 않았다. 그는 한 시간 안에 다 처리해서 제출하라고 지시만 하면 그만이다. 마리안네는 예전에 자기 일을 정말 좋아했다. 하지만 이제는 펀칭기를 사용하는 것조차 짜증이 날 지경이다. 마리안네는 생각했다.

'이렇게 열심히 일한 대가가 뭐지? 나는 왜 이 망할 일을 계속하고 있고, 일을 어떻게든 해내려고 이렇게 안달하는 걸까? 헤벨트가 당 대표한테 점수 딸 수 있게 해주려고? 공은 헤벨트가 얻고 정작 일한 사람들은 두통에 시달리는데?'

아무도 겉으로 속내를 드러내지는 않지만 마리안네는 다른 동료들도 같은 생각을 하고 있다고 확신했다. 이 사람이 당선되어서 주의회에 또다시 한 자리를 차지하고 앉아 '아랫사람들'의 대접을 받는 것은 대부분의 직원들에게 악몽이 될 것이다. 앞으로 5년 동안

이 사람 곁에 더 있을 수 있다면 그 누구라도 노벨평화상은 따 놓은 당상일 것이다. 세 번째 선거용 벽보는 정말 심했다. 마리안네는 오른쪽 길가에 차를 세우고 내렸다. 정말 기가 막힌다. 이번에는 자기가 마치 교황이라도 되는 양 미소를 지으며 양팔을 활짝 벌렸다.

'우도 헤벨트, 만인을 위한 후보.'

이건 정말 너무 심하지 않은가. 그녀는 트렁크를 열어 장을 봐온 박스 안을 뒤적거렸다. 철썩! 헤벨트의 멍청한 얼굴에 달걀을 던졌다. 달걀 하나를 더 꺼내 던졌다. 철썩! 두 번째 달걀노른자가 정당 표어를 따라 쭉 흘러내렸다. 내일 아침에 달걀 프라이를 못 먹는다 해도 상관없었다. 마리안네는 그 정도는 얼마든지 감수할 수 있었다. 속이 후련하다! 철썩! 철썩!

"원하는 자리에 오르려면 어쩔 수 없잖아"

우도 헤벨트처럼 윗사람한테는 굽실거리고 아랫사람은 짓밟는 사람을 작가 쿠르트 투홀스키(Kurt Tucholsky)는 자전거를 타는 사람에 비유했다. 그는 하인리히 만(Heinrich Mann)의 소설 『신하Der Untertan』에 대한 평론을 쓰면서 한쪽에서는 아부하고 절절매면서 다른 쪽에서는 폭군처럼 구는 주인공 디더리히 헤슬링에 대해 다음과 같이 묘사했다.

"저자세로 위를 향해 아부하고, 아래를 향해 비열하게 허세를 부리며 짓밟는 그는 자전거를 타는 사람."

이 소설이 처음 나온 지 100년이 넘었지만 지금도 시사하는 바가 크다. 헤슬링과 같은 인간 유형이 여전히 많기 때문이다.

사람이나 기관에 따라 태도를 달리하게 되는 이유는 무엇일까? 고대 로마에서는 아우크토리타스(auctoritas)와 포테스타스(potestas)로 구분했다.

아우크토리타스는 '위엄', '권위' 그리고 '영향력'을 뜻하며 사회적 지위의 자발적인 수용을 뜻했다. 어떤 사람에게 종속되고 싶은 것은 그가 지식과 올바른 카리스마 그리고 특별한 지혜를 갖고 있기 때문이다. 그가 내린 지시는 의미가 있고 심사숙고한 결과라고 생각하기 때문에 기꺼이 따르려는 것이다. 따라서 아우크토리타스는 직위나 학위를 통해 얻어지는 것이 아니라, 오로지 그 사람의 개인적인 특징과 능력에 따른 것이다.

반면에 포테스타스는 '권력', '전권' 그리고 '능력'을 뜻한다. 이것은 지령권을 토대로 한 권위의 형태이다. 통치권자를 신뢰하고 그의 목적을 믿기 때문에 그를 따르는 것이 아니라, 그가 전권, 귀족 칭호, 상속 또는 그에 상응하는 위치에 있어서 그럴 수 있는 권한을 갖고 있기 때문에 따르는 것이다. 정말 능력이 있는 지도자인지 아니면 진짜 멍청이인지 여부는 중요하지 않다. 만약 모든 사람들이 이

그때그때 인격이 달라지는 사람

☞ 남의 환심을 사기 위해 아첨하는 사람
☞ 야심을 품은 출세주의자
☞ 그때그때 이로운 쪽으로 행동하는 기회주의자
☞ 조직을 자기 뜻대로 지배하려는 사람

 **{ 첫인상 }**
주로 목표 지향적이고 야망 있고
추진력 있는 사람으로 보인다.

런 작지만 세심한 차이를 안다면, 우리가 이제 다루려고 하는 이상한 사람의 유형은 설 자리가 별로 없을 것이다. 엄밀히 말하면 상황에 따라 인격이 달라지는 이중인격자의 태도는 엄청난 오해에 토대를 두고 있기 때문이다.

"내가 권력과 영향력이 있는 사람처럼 행동하면 나도 그런 사람이 되는 거야!"

하지만 이건 사실이 아니다. 진정한 권위는 강요한다고 얻을 수 있는 것이 아니다. 그런데 많은 회사, 동호회, 기관 그리고 가족 내에서 이런 법칙이 통용되고 있는 것 또한 사실이다. 상관의 온갖 비위를 다 맞추고 알랑거리면서 부하 직원들은 무시하고 함부로 대하는 사람이 성공으로 향하는 사다리를 빠르고 안전하게 올라가는 것처럼 보인다. 그리고 이런 현상을 곁에서 오래 지켜본 사람은 이를 최후의 성공 비법으로 받아들이고 동조할 것이다.

"나도 내 직속상관처럼 행동하면, 언젠가는 그 자리를 차지할 수 있을 거야."

바로 이것이 이 유형의 특별한 점이다. 많은 사람들에게 이중인격자의 의식이 내재되어 있지만 서서히 드러난다. 이들은 자신과 비슷한 사람들을 발견하면서 서서히 이런 행동을 하게 된다. 마치 전염되는 것과도 같다.

이들의 심리를 전문적으로 분석해볼까? 권위적인 유형의 사람은 기본적으로 자아가 약하다. 그들은 초자아의 엄격한 요구와 자신의 욕구를 조화시키지 못한다.[25] 그 결과 자기 자신의 욕구를 다른 사람에게 투사한다. 실제로 이들은 근본적으로 늘 '옳고' 일을 잘하고, 부지런하고 법규를 잘 지킨다(여기에는 초자아가 지배한다). 그러다 보니 매력적이더라도 규칙에서 벗어나는 일은 무시하게 된다. 완벽하고 싶어 하지만, 그들도 결국 결점이 있는 사람일 뿐이다. 그래서 그들은 '약점이 보이는' 다른 사람을 '처벌'한다. 정작 자기 자신에게는 매서운 기준을 적용하지 않으면서 말이다. 이들의 전형적인 커리어를 한번 살펴보자. 일반적인 경우 말단에서 시작한다. 따라서 위에 있는 모든 사람들에게 밟히게 된다. 무슨 일을 하든지 칭찬을 별로 듣지 못하고 수시로 욕만 잔뜩 듣는다. 그의 자의식은 비틀거린다. 언젠가 결정을 내려야 하는 순간이 온다.

'언제까지 이 짓을 계속할 것인가?'

이런 상황을 개선시킬 수 있는 방법은 두 가지가 있다. 멀리 도망치거나, '저 위에 있는 사람들'과 잘 지내 조금이라도 덜 혼나는 것이다. 하지만 그 순간부터 몇 가지를 포기해야 한다. 가령 자기 자신의 의견, 규칙적인 하루 일과 그리고 건강한 자부심 같은 것 말이다.

그러나 열심히 아부하면 언젠가는 조금씩 승진을 하게 된다! 그렇게 되면 그의 입장도 바뀐다. 이제는 '윗사람'만 존재하는 것이 아니라, '아랫사람'도 생기는 것이다. 예전에는 자신도 허드렛일을 하는 대가로 푼돈을 버는 사람 중 하나였지만 그것은 끔찍한 기억이므로 그는 자신의 과거와 관련된 모든 것, 모든 사람들을 무시하기 시작한다. 당연히 윗사람을 향해서는 굽실거린다. 성공으로 향하는 계단의 다음 칸을 밟기까지. 짓밟을 수 있는 사람들이 더 많아질 때까지.

예전에 본인이 그렇게 짓밟혔던 것처럼.

  이중인격자의 의식이 전염성 있다고 하는 것은 바로 이런 현상을 두고 하는 말이다. 이런 시스템은 저절로 굴러가고 당사자들은 기회가 생기면 그들이 당했던 것만큼 되갚아준다. 그러면 당한 사람들은 고통스러워하면서 모든 수단과 방법을 동원해서 위로 올라가려고 발버둥 친다.

피라미드 서열 구조의 처음과 끝

  이런 순환은 특히 피라미드처럼 서열이 존재하는 조직에서 잘 일어난다. 맨 꼭대기에 한 사람이 앉아 바로 아랫사람에게 명령을 내린다. 명령은 계속 이런 식으로 아래까지 이어진다. 이런 구조는 수학적인 면이 다분하다. 모든 사람들에게는 확실히 정해진 자리가 있다. 정해진 지시와 규칙을 착실하게 잘 따르면, 뭔가 잘못하고 있는 것은 아닐까 하고 머리를 싸매고 고민할 필요가 없다. 지시와 규칙을 따르지 않으면 처벌을 받는다. 이와 같이 서열을 확실하게 정하면 안정감과 정당성이 있다는 인상을 심어주고, 조직 내에서 자신의 위치를 정확히 파악할 수 있다.

동물의 왕국에서도 이런 형태로 공동생활을 한다. 뛰어난 동물이 주도권을 쥐고 다른 동물들은 따른다. 맨 마지막 서열이 낮은 동물은 발언권이 전혀 없고 늘 먹고 남은 찌꺼기만 받게 된다. 하지만 전체 무리를 위해 무엇을 해야 하고, 하지 말아야 하는지에 대한 결정을 내릴 필요가 없기 때문에 편하기도 하다. 그럼에도 누구나 맨 꼭대기 자리를 선망하고, 그 자리에 오르기 위해 다른 동물들과 경쟁을 한다. 무리에 속한 어린 수컷들은 가장 좋은 먹잇감 그리고 암컷을 차지하기 위해 싸우고 우두머리인 수컷과 늘 자신의 힘을 겨룬다. 우두머리 수컷은 막중한 책임감과 내부의 잦은 권력 다툼으로 인해 언젠가 힘이 빠지면 불가피하게 자신의 자리에서 물러나게 된다. 잔인하게 들릴지는 몰라도 이런 모델은 종족 보존을 위해 반드시 필요하기도 하다. 이렇게 보면 회사 조직도 비슷하다. 시장에서 입지를 강화하는 것이 목적이다. 그리고 이런 조직을 굴러가게 하는 마약은 결국 권력이다.

"무엇을 해야 할지 내가 정한다! 어떻게 할지는 내가 정한다! 그리고 어떤 의견이 옳고 그른지는 내가 판단한다!"

이런 지속적인 권력 투쟁이 직장 분위기를 해친다는 것은 자주 간과된다. 그런데 시도 때도 없이 경쟁자의 공격을 염두에 둬야 하고 동시에 권력투쟁의 '패자'를 바로 코앞에서 지켜봐야 하는 이런 분위기에서는 신뢰와 참여의 분위기가 형성되기 쉽지 않다.

"늑대와 함께 먹이를 먹고 싶은 사람은, 늑대와 함께 울어야 한다!"

물론 관료제의 서열과 자유 시장 경제의 권력 구조 사이에는 차이가 있지만 한 가지 공통점은 있다. 생각이 자유로운 사람이 설 자리가 없으며, 개인들이 자신의 영역을 뛰어넘어 커뮤니케이션할 수 있는 가능성이 거의 없다는 점이다. 핵심을 말하자면, 서열이 있는 시스템은 분명히 효율적인 측면이 있지만 창의적이지는 않다. 대신 많은 사람들에게 안전과 편의를 제공한다. 권력과 동반되는 책임의 압박을 싫어하는 사람은 명령과 지시에 따라 움직이는 것을 택한다. 이것이 잘못이라고 비난할 수는 없다. 어떤 회사에서 누구나 자신의 개성을 전면에 내세우고 끊임없이 새로운 아이디어를 제시하며 토론하려고 한다면 (그것도 서열이 가장 높은 사장과 사적으로) 일을 진척시키기가 상당히 힘들어질 것이다.

위계질서가 있는 곳에서 승진하는 인간 유형은 따로 있다. 위에서 내려오는 명령과 지시를 따를 때 편안함을 느끼는 사람, 위계질서가 확실하면 자신의 지위를 확고히 할 수 있다고 생각하는 사람들이 그들이다. 이들 대부분은 이중인격자들이 권위적으로 운영하는 회사, 가족 기업, 관공서, 대기업, 교회, 군대 그리고 정치계를 선호한다.

선거 벽보에서 활짝 미소를 짓고 있는 우도 헤벨트가 하필이면 정당에서 활동하는 것은 우연이 아니다. 헤벨트와 같은 남자는 현재 자신의 위치를 측정할 수 있는 일종의 척도가 필요하다. 그렇게 해야만 자신이 지금 인생에서 어디쯤 와 있는지 안다.

우도 헤벨트는 자산만만한 사람처럼 등장하는데 그러기 위해서는 실행 가능한 기반이 있어야 한다. 그의 야심가적인 면모는 그가 지나온 과거 위에 기반을 두고 있다. 예를 들면 청년 당원이었던 초창기 시절, 비바람이 부는 궂은 날씨에도 불구하고 시장에서 선전물을 나눠주던 기억들 말이다. 그가 우러러보던 우상들은 단 10분간 머물면서도 위에서 군림하며 다 식어버린 차가운 커피에 대한 불평만 늘어놓았다. 그건 이미 오래오래 전 일이라 더 이상 기억하고 싶지 않다. 그리고 첫 번째 지방선거에서 단 18표만 획득하며 꼴찌를 했던 아픈 기억 역시 잊고 싶다. 이렇듯 우도 헤벨트에게도 힘든 시절이 있었지만 그는 꾸준히 노력해서 오늘날에 이르렀다.

그에게는 한 가지 뛰어난 능력이 있었으니 그것은 바로 말재주다! 무엇보다 당 대표의 말에 맞장구치는 걸 잘했던 그는 결국 후보자 명단에서 좋은 자리로 올라가기 시작했으며, 연설을 하면서 추진력이 있고 믿을 만한 사람이라는 인상을 심어주었다. 그는 자신의 강점을 살려 더 열심히 노력했다. 아무리 높은 분들의 비위를 맞춰준다 하더라도 특별한 재능이 없다면 성공할 수 없기 때문이다. 그의 목표는 아주 분명했다. 바로 가능한 한 높이 올라가는 것! 그리고 그에게는 더 이상 신경 쓰고 싶지 않은 사람들이 있었으니, 그것은 바로 '저 아래'에서 잡무를 처리하는 마리안네 같은 여자였다. 그래서 그는 그녀에게 자신의 우월함을 정기적으로 주지시켜야 했다. 그래야만 서열이 확실하게 드러나니까. 그래서 당 대표가 화를 낼 때마다 그 여자를 화풀이 대상으로 삼았다.

그때그때 인격이 달라지는 이중인격자들은 자기 자신과 자신의 인생을 뒤돌아보는 것을 좋아하지 않는다. 그들은 자신을 성찰하는 대신에 자기보다 더 우위에 있는 사람들, 권위 있는 사람들과 친해지기 위해 노력한다. 그들에게 가까이 다가가는 데 신경 쓰다 보면 자기 자신이 누구이고 어디로 가고 있는지에 대해 깊이 생각할 필요가 없다. 자신의 행동을 되돌아보고 그것을 통해 더 발전하려고 노력하는 일. 이것은 그들에게 전혀 매력적이지 않다. 그들에게는 좋고 나쁨, 승자와 패자, 흑과 백만 존재하기 때문이다. 그들에게는 두 가지 세계가 있을 뿐이다. 그가 예전에 속했던 저 아래쪽. 그리고 그가 앞으로 가고 싶은 저 위쪽. 그렇다면 그는 지금 자신이 어디에 있다고 생각할까? 그는 오직 경쟁만 있다고 생각할 따름이다.

그때그때 인격이 달라지는 사람 대처법

그때그때 인격이 달라지는 사람은 직장 생활에서만 만나게 되는 것이 아니다. 아랫사람은 짓밟고 윗사람에게는 아부하는 사람은 어디에나 존재한다. 가족 내에서도 부모의 사랑과 관심을 얻기 위해 형제들끼리의 다툼이 벌어진다. 또는 친구 관계에서도 누가 주도권을 잡고 누가 인기가 있고 없는지에 따라 눈에 보이지 않는 서열이 형성된다.

이렇게 되면 관계가 상당히 불편해질 수 있다. 짓밟히는 사람들만

이 아니라, 모든 참가자들이 마찬가지다. 물론 서로 더 돋보이기 위해서 직원들끼리 싸우는 것을 좋아하지 않는 상사들도 있다. 교사들도 대부분 고자질쟁이를 별로 좋아하지 않고 지나치게 열성적인 학생들도 그다지 좋아하지 않는다. 다행이다! 하지만 나한테 아부를 하면서 뒤에서는 이중적인 행동을 한다는 것을 알게 되면 어떻게 반응해야 할까?

부하 직원들의 친절이 단지 연기라는 사실을 알게 되면 그 친절은 무의미해진다. 그와 마찬가지로 그 사람이 다른 사람들을 대하는 불친절한 태도도 가짜다. 칭찬도 모욕도 둘 다 진심에서 우러나오는 것이 아니다. 그의 행동이 향하는 대상과는 근본적으로 아무런 상관이 없다. 오직 그런 행동을 하는 사람의 입장에 달려 있는 것이다. 이런 사실을 깨닫게 되면 이중인격자의 태도를 이해하는 것이 조금은 쉬워질 것이다.

하지만 어떻게 하면 당신이 이런 상황을 좀 더 수월하게 받아들이고, 이중인격자를 진정시키면서 그런 방식으로 더 행동하지 못하도록 할 수 있을까?

우선 당신이 이중인격자가 올려다보는 지위에 있는 사람이라면 명백한 지시를 내릴 수 있다.

"나는 내 회사 안에서 직원들 간에 비방이 오가는 것을 두고 볼 수 없습니다. 비방을 하는 사람은 나에게 대항하는 것과 같습니다. 그리고 나한테 아부를 하는 것도 앞으로는 자제했으면 합니다!"

이렇게 말하는 것으로 충분하다. 물론 대화를 통해 직접 이중인격자를 설득할 수도 있다. 그는 당신의 말에 동의하며 회사 내에서 분란을 일으키지 않겠다고 할 것이다. 하지만 얼마 지나지 않아 그는 똑같은 일을 반복할지도 모른다. 자신의 행동을 반성하고, 이를 통해 인격을 개발시키는 것은 그의 천성이 아니기 때문이다.

두 번째, 당신이 이중인격자와 같은 지위라면 어떻게 하는 것이 좋을까? 즉, 상대방이 나를 직접적인 경쟁자로 간주한다면? 이 경우 당신이 그에게 직접 공격당할 위치에 있지는 않지만 언제나 감시당할 위치에 있는 것은 분명하다. 만약 상관이 아부에 잘 넘어가는 사람이라면 당신도 그와 똑같이 행동해야 할지 말지를 선택해야 한다.

그렇다고 해서 당신이 그 사람을 이기기 위해서 똑같이 아부를 하고 대신에 부하 직원들을 괴롭혀야 한다는 뜻이 아니다. 여기서 가슴에 손을 얹고 한번 생각해보자. 이런 식으로 돌아가는 조직에 오래도록 몸담고 싶은가? 당신은 언젠가 정직과 개성이 존중되는 곳으로 터전을 옮기거나 아니면 지금 조직에서 소매를 걷어붙이고 새로운 규칙을 도입하기 위해 힘써야 한다.

마지막으로 가장 힘든 사람, 즉 이중인격자를 상사로 모셔야 하는 사람들의 경우를 보자. 마리안네는 정당 사무실에 발을 들이는 것조차 꺼려지고, 자신의 능력에 대한 자신감도 점점 상실하고 깊은 절망감에 사로잡힌 나머지 상사의 사진에 달걀을 투척하기에 이르렀다.

그녀는 오랜 시간 동안 우도 헤벨트의 비위를 맞추려고 노력했다. 그의 말은 곧 법이었기에 연장 근무는 당연했고 실수를 하지 않기 위해 늘 조심했다. 최근 몇 주 동안은 투명인간이나 마찬가지였다. 하지만 마리안네도 결국 사람이기 때문에 이따금 실수도 저질러서 질책을 들었고, 단지 당 대표가 전화를 걸었다는 이유로 아무 잘못도 없이 화풀이 대상이 되는 경우도 많았다. 그녀는 헤벨트의 분노가 자신에게 쏟아질까 두려워 일에 잘 집중하지 못했다. 너무 긴장한 나머지 이번 주에 두 번이나 전화 예약이 있는 것도 깜빡했다. 마리안네는 그 순간 자신이 투명인간이 될 수 없다는 사실을 깨달았다. 그래서 그녀는 다른 방법을 시도했지만 한 달도 채 유지하지 못했다.

"헤벨트 씨, 오늘 정말 근사해 보이시네요. 그리고 선거 홍보 사진 정말 잘 나왔던데요!"

이렇게 아부를 하고 나니 그의 목소리는 한결 부드러워졌으며 시도 때도 없이 소리를 고래고래 지르는 일도 줄어들었다. 대신 마리안네는 끔찍한 위통에 시달렸으며 거울에 비친 자기 얼굴을 똑바로 들여다보기가 힘들었다. 게다가 다른 직원들이 그녀를 미심쩍은 눈으로 쳐다보았다. 그렇다면 그녀에게 남아 있는 선택은 무엇일까?

바로 그 시스템에서 탈출하는 것이다.

선거 벽보에 달걀을 투척한 이후, 그녀는 비로소 그러기로 마음먹었다. 월요일부터는 더 이상 저자세로 나가지 않기로 결심했다. 혼자서는 불가능하다는 것을 알기 때문에 그녀는 탕비실에서 처음으로 이런 얘기를 다른 직원들에게 털어놓았다. 물론 동료들 중에 이곳에서 했던 얘기를 헤벨트한테 그대로 일러바칠 사람이 있다는 것도 알고 있었다. 마리안네는 그래도 상관없었다. 더 이상 다른 방법은 없었다.

"온 도시에 선거 벽보가 붙은 것을 보면 무슨 생각이 드세요?"

마리안네가 동료들에게 물었다. 얘기를 본격적으로 꺼내기까지 얼마 동안의 시간이 걸렸지만 그녀 혼자만의 고민이 아니라는 사실을 알게 되었다. 부서 내 절반 정도만이라도 항의성 사표를 낼 용기가 있다면 좋은 기회로 삼을 수 있겠다고 생각했다. 그렇게 되면 조직 기반이 무너지기 때문에 제대로 골탕을 먹일 수 있을 것이다. 필요한 경우에는 여러 사람이 직접 당 대표를 면담할 수도 있다. 하지만 이는 아직 먼 계획에 불과하다. 첫 번째 단체행동으로는 모두들 일처리가 끝나지 않은 서류 더미들을 헤벨트의 책상 위에 올려놓는 것으로 시작했다.

"이게 무슨 짓이야?"

헤벨트가 물었다.

"저희가 미처 처리하지 못한 서류들입니다."

"그런데 왜 여기 이렇게 어슬렁거리고 서 있어? 다들 자리에 앉아서 어서 일이나 해!"

"저희는 할 수 없습니다."

그러자 헤벨트는 어리둥절하다는 표정을 지었다. 마리안네는 그의 사무실 안에 걸려 있던 선거 벽보를 가리켰다.

"여론조사 결과 앞서고 계신 것을 기쁘게 생각합니다. 높은 목표를 가지고 계시다는 것도 알고 있습니다. 저희는 팀원으로서 기꺼이 지원할 마음의 준비가 되어 있습니다. 하지만 지금은 일이 너무 많아서 도무지 아무 일도 제대로 할 수가 없습니다. 저희에게 어떤 일이 더 시급하고 우선적으로 처리해야 할 일이 무엇인지 말씀해주세요. 그러면 저희가 그에 맞게 일처리를 하겠습니다."

그때그때 인격이 달라지는 사람과 잘 지내기 위해서는 우선 그의 지위를 위협하고 있지 않다는 인상을 심어줘야 한다. 그의 지위를 계속해서 인정하고, 그가 자신의 목표에 도달할 수 있다는 확실한 메시지를 전해줘라. 그런데 만약 이때 그가 언짢은 반응을 보이며 당신에게 불쾌한 말들을 날리더라도 그것이 당신과는 아무런 관련이 없다는 점을 잊지 마라.

이런 관점을 가지고 있으면 당신은 당신의 상사보다 훨씬 우위에 있을 수 있다.

11호선
거저먹으려는 사람

다른 사람의 호의를
이용하는 인격 장애

"나 좀 도와줘.
내가 얼마나 불쌍한 사람인지 알지!"

탈무드에는 이렇게 적혀 있다.
'무언가를 유도하는 사람이
그것을 실행하는 사람보다 더 위대하다.'
그렇기 때문에
좋은 일을 유도하는 사람이
그것을 직접 하는 사람보다 더 위대하다.

— 이스라엘 쟁윌(Israel Zangwill),
　『거지들의 왕 *Der Kong der Schnorrer*』 중에서

친절과 호의를
악용하는 동거인

두 사람은 지나의 방에 앉아 그녀를 기다렸다. 약속 시간은 오후 5시였다. 그런데 이제 곧 있으면 6시 반이다. 지루하지는 않았다. 두 사람은 지나와 함께했던 과거의 일들을 머릿속에 떠올려보았다. 지나는 2년간 그들의 집에서 가장 큰 방을 사용했다. 남향에 베란다가 있는 20평방미터 정도의 방이었다. 지나는 그들의 집에 들어올 때 자기가 그 방을 사용해야 한다고 고집했다. 자신에게는 꼭 넉넉한 공간이 필요하다고 했다. 그들은 지나가 원하는 대로 해주었다. 지나는 정말 특별한 아이였다. 온갖 화려한 취미 생활, 연애 사건들, 파티들, 그녀는 집안 분위기에 활기를 불어넣었다.

"문자 메시지가 왔어."

폴커가 말했다.

"지나가 머리가 아파서 조금 늦게 온대."

그들은 라일락색으로 칠해진 집 안을 둘러보았다. 벽 색깔은 지나가 정했다. 지나가 없었다면 벽 색깔은 그냥 흰색으로 남아 있었을 것이다.

"그때 우리가 페인트칠했던 일 기억나?"

두 사람은 실소를 금치 못했다.

"주말 내내 페인트칠에 매달렸잖아. 그냥 내버려둬도 됐는데 원래 있던 벽지를 뜯어내고 그 위에 페인트칠하느라고 정말 힘들었어. 그것도 이런 끔찍한 색으로 말이야. 그동안 이 보라색 때문에 돌아버리는 줄 알았어."

"지나가 우울증 때문에 꼭 보라색으로 칠해야 한다고 했잖아."

"그래서 효과가 있었어?" 폴커가 회의적으로 말했다.

"그때 지나가 자기는 허리가 아파서 페인트칠은 못 하겠다고 했던 것도 기억나?"

"그 대신에 혼자 사우나에 갔지. 오랜만에 피로를 풀어야 한다면서 말야."

베아테는 배시시 미소를 지었다.

"집에 돌아와서 지나가 했던 말 기억나? '초록색으로 칠할 걸 그랬네. 그럼 내 영혼에 좀 더 긍정적인 영향을 줬을지도 모르는데'."

"그래, 그렇지. 지나의 영혼."

두 사람은 침묵했다. 이 방 안에서 밤새도록 나눈 얘기가 너무나 많았다. 물론 지나에 관해서. 지나와 그녀의 악랄한 교수에 관해서. 지나와 그녀의 고통스러운 우울증에 관해서. 가장 많은 얘기는 지나와 헤어졌다 만났다를 반복하는 남자 친구 야니크에 관해서. 지나의 남자 친구는 그녀를 충분히 지지해주지 않고, 때때로 바람을 피웠으며, 지나가 정말 그를 필요로 할 때 나타나지 않는, 그야말로 나쁜 남자라는 얘기였다. 그런 얘기를 들은 그들은 나름대로 충고를 해줬다.

"그냥 헤어져. 그럴 만한 가치가 없는 사람이야!" "너는 혼자가 아니야. 네가 만약 남자 친구랑 헤어지면 우리가 네 곁에 있어줄게.

꼭!" "지나, 이제 그만 깔끔하게 끝내버려!"

지나는 이 방 안에서 사하라 사막을 적실 만큼 많은 눈물을 흘렸다. 우리가 건넨 티슈도 엄청나게 큰 햇빛 차광막을 만들 수 있을 정도로 많았다. 베아테는 맥주를 가지러 부엌으로 갔다. 하지만 냉장고에는 더 이상 맥주가 남아 있지 않았다. 대신 쪽지가 남겨져 있었다.

"남자 친구가 너무 목이 마르다고 하는데 사다놓은 맥주가 떨어졌네. 미안! 나중에 맥주 한 상자 사다놓을게. 약속! _지나."

그래서 그들은 그냥 생수를 마셔야 했다. 7시 15분쯤 마침내 지나가 모습을 드러냈다. 물론 맥주는 들고 오지 않았다. 하지만 그러리라 기대한 사람은 어차피 아무도 없었다.

"내가 같이 못 도와줘서 미안. 그런데 내가 두통이 있어서 말야. 근육이 뭉쳐서 아픈 거래. 의사가 너무 무거운 거 들지 말라고 하더라고."

그 말을 듣고도 두 사람은 가만히 앉아서 손가락 하나 까딱하지 않았다.

"그리고 너희들이 훨씬 일을 능숙하게 하잖아. 내가 하면 복도 바닥이 다 긁히고 난리도 아닐 거야." 지나는 웃었다. "그나마 무거운 가구들이 많지 않아서 다행이다. 기껏해야 피아노 정도지 뭐."

하지만 여전히 아무도 움직이지 않았다.

"늦어도 9시까지는 새 집으로 짐을 다 옮겨야 하는데. 야니크는 기다리는 걸 질색하거든. 우리의 동거 생활이 다툼으로 시작되면 안 되잖니? 너희들도 야니크 성격 잘 알잖니……."

두 사람은 서로의 눈빛을 교환하며 같은 생각을 하고 있다고 느꼈다. 지나는 어리둥절해했다. 그러더니 허리춤에 손을 올렸다.

"바로 너희들의 이런 점 때문에 이 집에서 단 1초도 더 못 견디는 거라고. 다들 자기 생각밖에 안 한다니까."

그러더니 눈물을 주르륵 흘렸다. 오늘 저녁에 흘리는 마지막 눈물은 아닐 것이다.

"너희들은 늘 나를 쓰레기처럼 대했어."

두 사람은 밖으로 나와 길모퉁이에 있는 술집에서 맥주잔을 기울였다. 지나를 위하여!

"제발 나를 불쌍하게 여겨줘!"

거저먹으려는 사람을 한마디로 하면 거지라고 할 수 있다. 독일어로 거지를 뜻하는 'Schnorrer'는 거리의 악사들이 슈누레(schnurre)라는 악기를 들고 떠돌아다니며 동냥을 하던 데서 유래한 단어다. 오늘날에는 거지를 남의 것을 힘들이지 않고 가지려는 게으른 사람이라고 생각하지만 종교에서는 동냥을 신성한 행위로 인식하기도 했다. 대표적인 것이 불교의 탁발 수도승이다. 탁발이란 도를 닦는 승

거저먹으려는 사람

- ☞ 다른 사람에 의지해 살아가는 기생충 같은 사람
- ☞ 남에게 민폐를 끼치는 사람
- ☞ 남에게 빈대 붙어 사는 사람
- ☞ 힘들이지 않고 남의 것을 차지하는 얌체 같은 사람

{ 첫인상 }
매력적이고, 감수성이 풍부하고, 유머러스하고, 사교적으로 보인다.

려가 경문을 외면서 집집마다 동냥을 다니는 것이다. 탁발 수도승은 사람들에게 선행의 대상이 되어줌으로써 자선의 길로 들어서게 도와준다. 불교뿐 아니라 기독교, 힌두교에서도 다른 사람들의 헌금으로 살아가는 것을 고결한 삶으로 간주한다.

종교에서 허용하듯 정말 가난한 사람은 구걸을 해도 된다. 하지만 원칙적으로 자신의 생계는 자신이 직접 책임져야 한다.

어떤 기회도 얻지 못하고, 가혹한 운명에 처한 사람을 기꺼이 돕는 것은 너무나 당연한 일이다. 도와주는 입장에서도 착한 사람이 된 듯한 느낌은 나쁘지 않다. 하지만 우리가 도와줬던 거지가 우리를 이용한 거라면? 그가 사실은 으리으리한 벤츠를 타고 다니는 사람이라면? 우리가 기부금을 내는 단체가 사실은 뒤로 돈을 빼돌리고 있다면? 이런 사실을 알게 되면 우리는 두 배로 불쾌해질 것이다.

그럼 이제부터는 같은 집에 사는 사람들의 친절과 호의를 악용해 남의 것을 거저먹으려는 지나에 관한 얘기를 해보겠다. 그녀는 특유의 매력을 발휘해서 다른 사람들에게 호의를 요구한다. 지나의 주변 사람들은 그녀에게 도움의 손길을 내밀거나 밤새도록 얘기를 들어주며 상담사 역할을 하거나 맥주를 조금 나눠주는 것은 자기 스스로의 결정에 따른 것이라고 생각한다. 하지만 그들에게는 선택권이 없다. 지나에게는 주변 사람들을 무력하게 만들어버리는 탁월한 능력이 있기 때문이다. 그것은 바로 '동정심을 유발하는 능력'이다. 또한 그녀는 자신의 부탁을 들어주지 않으면 극도의 뒤끝을 보여준다. 한 집에 사는 친구들이 요구를 거부하자 그녀는 그들의 태도를 비난하고 눈물을 흘리며 양심에 호소한다.

처음 한두 번 정도 호의를 베푸는 것은 어쩌면 아무런 문제가 되지 않을 수도 있다. 언제부터 문제가 될지 여부는 사람에 따라 다르다. 어떤 사람은 비교적 빨리 급브레이크를 밟으며 별 양심의 거리낌 없이 그런 사람에게 등을 돌린다. 하지만 또 어떤 사람은 쉽게 "안 돼."라고 말하지 못한다. 하지만 언젠가는 다들 느끼게 된다. 얍삽하게 거저먹으려는 사람이 자신을 완전히 바보 취급하고 있다는 사실을 말이다. 뒤늦게 그 사실을 깨달으면 인간에 대한 회의감과 불쾌함이 엄습하고 분노에 치가 떨리게 된다.

기브 앤드 테이크를 모르는 얌체족

아이는 뭔가 갖고 싶을 때 운다. 먹고 싶을 때, 위로받고 싶을 때, 관심받고 싶을 때, 조용히 휴식을 취하고 싶을 때, 기본적인 욕구를 채워야 할 때 어떻게 해야 주변 사람들로부터 도움을 받을 수 있는지 알기 때문이다. 조금 더 크면 모든 욕구가 즉시 채워지지는 않는다는 것을 알게 된다. 아이가 아무리 슈퍼마켓 바닥에 드러누워 떼를 쓴다고 해도 부모는 단호하게 젤리를 사주지 않겠다고 말한다. 아이에게는 상당히 가혹한 일이지만, 자신이 이 세상의 중심이 아니라는 사실을 깨닫는 데는 반드시 필요한 경험이다. 부모, 형제자매, 유치원 친구들 또는 학교 친구들과 함께 지내다 보면 아이는 또 다른 사실을 깨닫는다.

'나는 내 욕구뿐만 아니라, 다른 사람의 욕구도 채워줄 수 있구나. 내가 나무 블록을 나눠주면 다른 친구가 좋아해. 그렇게 하면 다음 번에 그 친구는 기꺼이 나에게 과자를 나눠줄 거야.'

함께 살아간다는 것은 늘 '기브 앤드 테이크'이기 때문에, 베푸는 것은 앞으로 자신의 욕구를 채울 수 있는 가장 안전한 방법이다. 또 베풀면서 기분도 좋아진다. 그래서 우리는 선물을 받는 것만큼이나 주는 것을 즐기게 된다. 이는 거의 모든 문화권에서 마찬가지다. 따라서 인간의 호의는 진화론의 측면에서 봐도 의미가 있고, 서로 도와주는 공동체가 성공한다는 것은 이미 증명된 사실이다. 우리는 어릴 때부터 경제학의 기본 원칙을 내면화했다. 상품을 얻기 위해서는 돈이, 충성을 위해서는 협조가, 사회 기반 시설을 확충하기 위해서는 세금이, 호의를 얻기 위해서는 친절이 필요하다는 것을 잘 알고 있다. 이런 원칙들을 내면에 잘 품고 있는 사람들은 그에 맞게 행동한다. 우리의 자연스러운 욕구도 이런 구조 내에서 잘 지켜지는 것이다.

매력적인 직업을 갖기 위해서 우리는 그에 필요한 돈과 시간을 투자한다. 자신의 삶을 좀 더 풍성하고 편안하게 만들려는 욕구는 인간의 본능이기 때문에 원칙적으로 비난할 만한 일이 아니다. 그런데 문제는 남에게 빌붙어서, 남에게 피해를 주면서 자신의 욕구만을 채우려 할 때 나타난다. 이런 사람들 때문에 '기브 앤드 테이크'라는 사회적 원칙이 무너지기 때문이다.

거저먹으려는 사람의 전형인 지나를 전혀 이해할 수 없는 것은 아니다. 그녀가 좋아하는 색으로 방을 칠하고, 남자 친구 때문에 괴로워 하소연을 하고, 이삿짐을 옮겨줄 친구가 필요하다는 것은 인정한다. 하지만 그렇다면 최소한 그 일을 해주는 친구들에게 고맙다는 인사 정도는 해야 하지 않을까?

다른 사람의 동정을 이끌어내는 전략

거저먹으려는 사람들은 무리 내에서 가장 편안함을 느낀다. 이들은 집단에 소속되어 함께 일하는 것을 좋아하기 때문에 동호회 활동을 많이 한다. 하지만 이것은 많은 사람들에게 둘러싸여 있는 것을 좋아해서가 아니다. 집단 안에 있어야 다른 사람에게 빌붙어서 뭔가 얻어낼 수 있기 때문이다.

이들은 특별한 재주를 갖고 있기 때문에 잠재적인 '희생자'를 쉽게 찾아낸다. 거저먹으려는 사람들은 대부분 상당히 매력적이고, 유머러스하고 재밌는 얘기를 많이 한다. 이들은 주변 사람들에게 자신들과 친분을 맺으면 이득이 된다는 느낌이 들게 만든다. 자신의 인맥과 능력을 자랑하며 언제나 흥미로운 이야깃거리들을 쏟아내기 때문이다. 이들이 다른 사람으로부터 동정을 이끌어내는 데는 두 가지 전략이 있다. 첫 번째는 자신의 절망감과 낙심을 드러내 보이는 것이고, 두 번째는 상대방에게 알랑거리는 것이다. 이 두 가지를 동시에 사용하는 사람이 가장 교활하다. 지나의 말을 그대로 인용해 보자.

"너희 둘은 손재주가 좋잖아. 나는 그림 그리고 색칠하는 데는 완전히 젬병이야. 게다가 나는 허리가 너무 아파서……."

이런 방법을 통해 지나는 한집에 사는 친구들이 자기 방을 꾸미게 만들고 정작 본인은 사우나에 가서 푹 쉬었다. 이것은 비교적 해가 되지 않는 사례다. 결혼 사기꾼이나 불법 강매를 일삼는 영업 사원처럼 범죄를 저지른 것은 아니지 않은가. 지나가 사용한 계략은 다음과 같은 절차로 진행된다. 신뢰 구축하기, 호감 얻기, 동정심 유발하기, 그런 다음에 이용해먹기. 거저먹으려는 사람은 자신의 방법을 주변 사람들한테 비교적 골고루 사용한다. 그래야만 그의 행동이 오랜 기간 동안 사람들 눈에 띄지 않을 수 있기 때문이다. 이용당한 사람들은 나중에 그들끼리 우연히 만나 얘기를 나눈 후 자신들이 속아 넘어갔다는 걸 알아차린다. 그 이후에는 거저먹으려는 사람들에게 시련이 닥친다. 한번 들키고 나면 그 그룹 내에서 더 이상 수법이 통하지 않기 때문이다. 그렇게 되면 그는 주거지, 직장, 동호회 등을 옮겨야 한다. 그렇기 때문에 이 사람들은 이리저리 옮겨 다니는 유목민 생활을 하게 된다. 지나 역시 여러 번 이사를 다녔다. 이번이 처음도 아니었고 마지막도 아닐 것이다. 과연 그녀는 앞으로 남자 친구와 오랫동안 동거할 수 있을까? 그녀의 행동으로 미루어 짐작컨대 그럴 가능성은 지극히 낮다. 거저먹으려는 사람들은 남녀 관계가 상당히 복잡한 편이다. 이들은 상대방이 무엇에 잘 넘어가는지를 매우 쉽게 파악한다. 그러니 그들에게 연애는 일단 식은 죽 먹기다.

하지만 숙주와 기생충의 관계로 이루어진 남녀 관계가 장기화될 가능성은 별로 없다. 운 좋게도 과도한 헬퍼 신드롬(Helper Syndrome)이 있는 애인을 만나지 않고서는 말이다. 그들이 추구하는 사랑은 유아적이고 미성숙하다. 그들은 계속해서 확인받고 보살핌을 받고 만족감을 얻는 것을 가장 중요하게 여긴다. 서로를 지지해주고 존중해주는 성숙하고 조화로운 파트너 관계와는 거리가 멀다.

그러니 늘 뭔가를 원하고, 만족할 줄 모르고, 모든 관심을 받고 싶어 하면서 정작 본인은 감사하는 마음조차 드러내지 않는 사람 곁에서 평생 견딜 수 있는 사람이 있겠는가? 어쩌다가 부탁을 거절하면 이기적이라며 비난까지 하는 그런 사람 곁에서 말이다. 거저먹으려는 사람들의 애인이나 배우자는 결코 부러워할 만한 대상이 아니다. 그렇기 때문에 그 사람이 아무리 매력적으로 보일지라도 언젠가는 그의 곁을 떠나는 것이다.

누군가에게
빚지고 사는 인생

지나는 자신이 특별한 존재라고 생각한다. 아무 문제가 없는 것을 지극히 정상적인 상황이라고 여긴다. 자신은 마땅히 이 세상의 모든 행복을 기꺼이 누릴 만한 존재이기 때문이다. 하지만 계획했던 것과 뭔가 다르게 돌아가면 급격하게 변한다. 그러면 제대로 히스테리를 부리기 시작한다. 지나는 그냥 일반적인 두통이 아니라 심한 편두통을 느낀다. 그냥 목이 조금 마른 것이 아니라 탈수하기 직전이며, 배가 조금 고픈 것이 아니라 저혈당 쇼크가 생긴다며 난리를 친다.

문제는 지나가 결핍에 제대로 대처할 줄 모른다는 것이다. 지나에게 결핍은 자신의 상황을 개선시키고 스스로를 책임지는 계기가 되지 않는다. 지나에게는 그럴 능력이 없다. 그녀는 주변 사람들이 드라마 퀸(Drama Queen, 드라마의 여주인공처럼 지나치게 과장되게 행동하는 여성-옮긴이)인 자신을 위해 모든 것을 대신 해주기를 바란다. 그것도 가능하면 당장 말이다. 지극히 일상적인 문제들도 지나에게는 도무지 혼자서 극복할 수 없는 재앙으로 변질된다. 학교 다닐 때 엄했던 선생님은 유독 지나에게 더 가혹하게 굴었다. 그리고 주중에 출근하기 위해 일찍 일어나는 것이 유독 지나의 심장에 심한 타격을 입힌다. 곰팡이가 핀 월세방, 사람들로 꽉 찬 지하철, 비가 하염없이 내리는 여름, 너무 짧은 점심시간……. 이 세상은 작당을 해서 지나를 괴롭히고 있다. 그러니 그녀는 이렇게 부르짖을 수밖에 없다.

"나를 도와줘! 나를 불쌍하게 여겨줘!"

동정심이 조금이라도 있는 사람이라면 나와는 상관없는 일이라며 등을 돌리기 쉽지 않을 것이다.

도대체 지나 같은 사람들은 왜 스스로 문제를 해결하지 못하는 걸까? 이들에게는 힘든 일을 이겨나갈 능력이 없는 것일까? 사실 이것은 능력의 문제가 아니다. 이들은 처음부터 아예 그럴 생각조차 하지 못한다. 이들의 머릿속에는 오직 '갖고 싶다.'는 생각만으로 가득 차 있기 때문이다. 하고 싶고, 먹고 싶고, 편하고 싶고, 삶을 아름답게 하고 싶은 욕구. 그 욕구만 추구하느라고 다른 데 신경 쓸 겨를이 없는 것이다. 그래서 이런 사람들 중에는 마약 같은 중독성 물질에 손을 대는 경우도 많다.

그렇다면 이들이 이렇게 된 이유는 무엇일까? 이들은 자신의 욕망에 제대로 대응하는 법을 배우지 못한 듯하다. 이들의 부모는 자녀가 뭔가를 원할 때 그것을 너무 빨리 충족시켜 주었을 것이다. 좋은 것을 해주기 위해서 그러는 경우도 있지만 그렇지 않은 경우도 많다. 매일 아이들과 실랑이를 벌이고 싶지 않아 그냥 편한 방법을 택하는 것이다.

사실 아이들이 징징거리며 떼를 쓸 때는 상당한 인내심이 필요하다. 앞서 언급했듯 마트의 계산대 앞에서 아이가 소리를 지르고 떼를 쓰면 부모도 신경이 곤두서고 창피함을 느낀다. 그때 그 상황을 빨리 끝내버리고 싶은 마음에 아이의 요구를 들어주면 아이는 기뻐하며 어떻게 해야 원하는 것을 얻는지를 학습한다. 하지만 무의적으로는 또 다른 깨달음을 얻는다.

"엄마 아빠는 나에게 진심으로 관심을 기울이고 이야기를 나눌 생각이 없어."

사실 그 아이에게는 젤리가 필요한 게 아니라 부모의 관심이 필요하기 때문이다. 그런데 아무리 소란을 피워도 부모의 관심을 얻는 데는 실패한 것이다. 그렇다면 이 상황에서 부모가 어떻게 해야 하겠는가? 부모는 아이에게 예를 들어 젤리를 사주는 대신 방 청소를 하겠다고 약속하라는 조건을 내걸 수 있다. 방을 치우는 대가로 젤리? 꼭 그렇게까지 해야 하는 거냐고 묻는 독자도 있을 것이다. 하지만 그렇게라도 하지 않으면 아이는 아무런 대가 없이 자신의 욕구를 채울 수 있다는 사실을 학습하게 될 뿐이다. 또한 자신이 부모와 대화와 타협을 하는 거래 대상조차 되지 않는다고 느낄 뿐이다. 그 결과 아이는 자신의 가치를 낮게 평가한다.

이런 연유로 거저먹으려는 사람은 자신을 평가 절하하고 늘 누군가에게 빚지며 사는 어른으로 성장한다. 주변의 동료와 친구, 연인은 그가 만족할 때까지 최선의 노력을 다해야 한다. 하지만 밑 빠진 독에 물 붓기처럼 그것은 영원히 이루어지지 않는 숙제일 뿐이다.

거저먹으려는 사람 대처법

우리는 때로는 우리가 원하는 것보다 우리 자신을 더 잘 안다. 우리는 우리의 실수와 우리의 작은 죄들을 알고 있다. 그리고 기본적으로 인생 자체가 물물교환인 셈이므로 우리는 우리의 악행들을 선행으로 다시 메운다.

이런 원칙은 지구 환경에도 적용된다. 우리는 휴가 때 비행기를 타고 가면서 이산화탄소를 배출하는 대신, 열대 우림 지역에 나무 심기를 위한 기부금을 낸다. 그러면 우리 양심은 거리낄 것이 없어진다. 우리는 어린아이들이 푼돈을 받고 만든 값싼 의류를 즐겨 구입한다. 하지만 대신에 매달 남아메리카에 있는 고아원을 지원하고 있지 않은가. 자선은 우리의 실수와 치부를 덮어주어 내일 아침에 다시 거울 앞에 당당히 설 수 있는 용기를 심어준다. 그렇기 때문에 지나와 한집에 살았던 친구들이 거리낌 없이 지나의 부탁을 들어주었던 것이다. 오히려 그녀의 부탁을 들어줄 수 있어 약간의 우쭐함을 느끼기까지 했다. 하지만 그들은 지나가 이사를 하는 날, 비로소 자신들이 내내 이용당했다는 사실을 깨달았다. 한 시간 반씩이나 기다리게 만들고, 허락도 없이 맥주를 가져가고, 아무렇지 않게 일을 시키고, 그 모든 것에 대한 보답은 전혀 하지 않았기 때문이다. 시간이 흐를수록 그들은 점점 '이건 아니다.'고 생각하게 되었다. 너그러운 기쁨은 짜증 나는 분노로 바뀌었다. 그러니 이제 "안 돼!"라고 말해야 했다. 지나가 아무리 눈물로 애원해도 이제는 그 부탁을 단호히 뿌리쳐야 했다. 그녀가 비록 이기주의자라고 욕해도 한 귀로 듣고 한 귀로 흘려야 했다. 그녀는 한 번 거절당하자 지금까지 베풀었던 모든 호의를 쓸모없는 것으로 만들어버렸다. 이런 깨달음은 찜찜한 뒷맛을 남긴다. 그들은 처음에는 지나를 좋아했다. 매력적인 지나와 친해지기 위해 다들 어느 정도 투자를 했다. 하지만 지나와의 친분에는 한계가 있었고 그들의 너그러움이 멈추는 바로 그 지점에서 관계가 끝난다는 것을 깨닫자 좌절을 맛보게 된 것이다. 다음과 같은 깨달음은 우리 마음의 여러 영역에 상처를 준다.

거저먹으려는 사람이 주는 상처들

- 거저먹으려는 사람이 그동안 우리한테 관심이 있었던 것이 아니라, 우리가 줄 수 있는 그 무엇에 관심이 있었다는 사실을 시인해야 한다. 친구가 아니라 친구인 척했을 뿐이다. 이는 우리의 착한 심성에 상처를 준다.

- 우리가 어떤 부탁을 단호하게 뿌리치게 만듦으로써 우리의 본성과는 다른 반응을 하게 강요한다. 이는 우리가 원하는 자아상에 상처를 준다.

- 우리는 속았다는 것을 깨닫게 되고 일종의 사기꾼의 사탕발림에 놀아났다는 것을 알게 된다. 이는 우리의 정의감에 상처를 준다.

미리 이런 상처로부터 우리를 보호하기는 상당히 힘들다. 거저먹으려는 사람한테 놀아났다는 것을 깨달았을 때는 이미 너무 늦은 경우가 대부분이기 때문이다. 우리는 이미 마음을 주었고 공감을 했고 그럴 만한 가치가 있다고 믿었다. 그렇다면 이번에는 거저먹으려는 사람과의 관계를 즉각 끝낼 수 없는 경우, 앞으로 그 사람을 만날 때 손해를 최소화하기 위해 어떻게 해야 하는지를 살펴보자.

거저먹으려는 사람과의 관계에서 손해를 최소화하는 방법

- 더 이상 거저먹으려는 사람의 부탁을 들어주지 말고, 만약 부탁을 들어주게 될 경우 그에 상응하는 보답을 요구하라. 그렇게 하면 확실하게 "안 돼."라고 말했을 경우 거절을 당한 사람이 욕을 하거나 비난하는 상황을 피할 수 있다. 이런 방법을 사용하기 위해서는 끈질겨야 한다. 하지만 거저먹으려는 사람이 당신이 더 이상 소원을 들어주는 사람이 아니라는 사실을 깨닫게 되면 그는 당신에게 흥미를 잃을 것이다.

- 다른 '희생자'들을 찾아서 공동으로 대응하라. 함께 힘을 모으면 거저먹으려는 사람에게 거절하기가 한결 수월하다. 그렇다고 하더라도 그 사람은 반성하기는커녕 다른 모든 사람들이 나쁘다고 비난할 것이다. 하지만 이렇게 하면 혼자서 비참함을 느끼거나 죄책감을 느끼는 대신에, 서로 이런 결과를 이끌어낸 것에 대해 기쁨을 나눌 수 있다.

유감스럽지만 거저먹으려는 사람을 성공적으로 변화시키는 것은 유토피아적인 목표다. 그들은 자기 자신과 자신의 욕구만 생각한다. 다른 모든 사람들은 자신의 욕구를 들어주는 도구로 인식하기 때문에 자신의 태도가 잘못된 것조차 모른다. 그들의 입장에서는 수년간 그렇게 살아오면서 톡톡한 효과를 봤기 때문에 자신을 바꿔야 할 이유를 찾지 못한다.

만약 당신이 여러 번 거저먹으려는 사람에게 이용당했다면 문제는 쉽게 해결되지 않는다. 그냥 미뤄질 뿐이다. 당신은 앞으로 또 다른 거저먹으려는 사람을 만나게 될 것이기 때문이다. 이 경우에는 당신 자신에 대해 곰곰이 생각해봐야 한다. 착하고 너그러운 것이 항상 미덕인 것은 아니다. "안 돼."라고 말한다고 해서 당신이 나쁜 사람이 되는 것이 아니다.

물론 그렇다고 해서 이기적으로 행동하고 다른 사람들의 운명 따위는 무시하라는 말이 아니다. 대부분의 경우에는 다른 사람의 마음을 헤아리고 좋은 사람이 되는 것이 좋다. 하지만 모든 원칙에는 예외가 있듯이, 모든 사람에게 반드시 그렇게 대할 필요는 없다는 말이다. 인류의 역사를 살펴봐도 거저먹으려는 사람들 때문에 공동체의 이데올로기가 실패했던 사례가 무수히 있지 않았던가.

12호선

불행 바이러스를 퍼뜨리는 사람

부정적인 사고를 퍼뜨리는 습관적 회의론

"어차피 잘 안 될 텐데 뭐하러 하겠어."

우리는 여건이 되면 뭔가를 할 거라 계획하지만,
막상 여건을 갖췄을 때는
이미 그 뭔가를 할 수 없는 때이다.

― 마리 폰 에브너에셴바흐(Marie von Ebner-Eschenbach)

무슨 일에나
찬물을 끼얹는 직장 동료

토요일 백화점 구내식당은 자유분방함과 설렘이 뒤섞인 분위기로 가득했다. 다음 날부터는 여름 세일과 재고 조사로 고단했던 직장 생활을 뒤로하고 마침내 다른 곳으로 떠날 수 있는 즐거운 여름휴가가 시작되기 때문이었다. 안드레아스는 회사를 그만두고 9월부터 직업 고등학교에서 학생들을 가르칠 것이다. 그가 떠나기 전 동료들에게 점심 식사를 대접하기 위해 한 자리에 모였다. 오렌지주스, 커피, 갓 구운 신선한 빵, 치즈, 소시지, 연어 그리고 과일이 나왔다. 헤어지기 전 식사 메뉴로 나쁘지 않았다. 그런데 레나테는 허브차만 홀짝거리며 말했다.

"커피를 너무 많이 마시면 몸에서 수분이 빠져나가요."

그녀가 아는 체를 했다.

"다들 건강한 몸으로 휴가를 즐기고 싶지 않아요?"

그렇다. 다들 그러고 싶었다. 특히 바하마에서 휴가를 보내게 될 하이케는 특히 그랬다.

"거기는 말라리아가 유행하는 지역이잖아요."

레나테가 경고를 날렸다.

"2008년에 독일 관광객 한 명하고 캐나다 관광객 한 명이 말라리아에 걸려서 죽은 적도 있었어요."

동료들은 서로 의미심장한 눈빛을 주고받았다. 그럼 그렇지. 그들은 속으로 가만히 있으면 레나테가 아니라고 생각했다. 레나테는 사실 그렇게 나쁜 사람도 아니고, 아는 것도 많고, 아이가 있는 동료들이 먼저 휴가를 갈 수 있도록 스스로 자신의 휴가를 양보하기도 했다. 하지만 레나테는 정말 사사건건 트집을 잡는 데 선수였다.

"우리는 벌써 예방주사 맞았어요."

하이케가 말했다.

"실은 말라리아보다 뎅기열이 심각해요. 아직까지 예방주사나 치료법이 없거든요. 바하마에서 뎅기열이 종종 발병한다고 들었는데……."

하이케는 뎅기열에 대해서는 들어본 적이 없었다. 그리고 의사도 그 얘기는 전혀 하지 않았으니 괜찮지 않을까 싶었다. 만일의 경우에 대비해서 오늘 오후에 병원에 전화를 걸어 물어봐야겠다고 생각했다. 식당에 모인 다른 직원들은 더 이상 자신들의 휴가 계획에 대해 얘기하지 않았다. 레나테가 또 어떤 여행지에 대해 알고 있는 사실이나 지식이 있을지도 모르지 않겠는가. 틀림없이 동프리스란트 섬에는 지진이 일어날 위험이 있다거나, 자우어란트에는 어떤 괴물이 출몰했다는 말들을 늘어놓을 것이다.

"안드레아스 씨는 직업 고등학교에서 새출발하는데, 정말 기대되겠어요?"

누군가 화제를 돌렸다. 안드레아스는 만감이 교차했다.

"그동안 고객들이랑 정도 많이 쌓였는데 그리울 것 같아요."

그가 말했다.

"저는 그런 건 제일 먼저 헌신짝처럼 버릴 수 있을 것 같은데요."

레나테가 또다시 입을 열었다.

"솔직히 말해서 고객들한테 무슨 미련이 있어요. 맨날 물건값이나 깎으려고 하는데."

이때 다행히 한나가 끼어들었다. 레나테가 고객들에 대해 비난하기 시작하면 상당히 힘들어진다는 것을 다들 알고 있다.

"괜찮은 사람도 있어요. 오늘 제가 제일 좋아하는 고객이 찾아왔는데요. 저번에 상담을 잘 해줬다면서 초콜릿 상자를 선물로 들고 왔어요. 정말 친절하지 않아요?"

"웬 한여름에 초콜릿이에요? 한꺼번에 안 먹으면 다 녹아버릴 텐데. 그거 다 먹고 나면 비키니 입기도 힘들겠네."

"다 같이 나눠 먹으려고 가져왔어요."

한나는 초콜릿 상자를 동료들에게 건넸다. 모두들 좋아하며 초콜릿 상자를 향해 손을 뻗었다. 레나테는 초콜릿을 거들떠보지도 않았다. 조금 후 샴페인 병을 따서 다 함께 안드레아스의 이직을 축하해 주었다.

"이렇게 근사한 점심 대접해줘서 고마워요. 앞으로 학생들과 즐겁게 지내세요!"

레나테는 잔에 물을 따르고 자리에서 일어나 물 잔을 들어올렸다.

"학교에 부임하자마자 부모 역할까지 떠맡지는 말아야 할 텐데요. 건강한 영양 섭취, 충분한 운동, 예의범절……. 오늘날 교사들이 청소년들한테 일일이 다 가르쳐줘야 하는 것들이죠."

이번에는 아무도 대꾸하지 않았다. 어차피 소용도 없었다. 무슨 얘기를 시작하든 레나테는 늘 흠잡을 거리를 찾아냈다. 그러면 찬물을 끼얹은 듯 분위기가 착 가라앉았다.

"어쨌든 다들 멋진 여행 다녀오세요! 그리고 집에 있어야 하는 분들도 즐거운 주말 보내시길!"

"어제 뉴스 못 보셨어요? 앞으로 최소 2주 동안 비 온대요. 기온도 20도 이상 안 올라간대요."

레나테는 이번엔 날씨에 대해 말했다. 더 이상 그녀의 말에 귀를 기울이는 사람은 없었다.

"내 눈엔 당신이 볼 수 없는 게 보여. 그건 불길해"

어떤 종교나 신화, 중세의 궁정 서사시에도 늘 불길함을 암시하는 예언자가 등장한다. 고대에는 카산드라가 트로이 전쟁을 예견했지만 유감스럽게도 아무도 그녀의 말을 믿지 않았다. 16세기에 살았던 노스트라다무스의 예언은 오늘날에도 자주 인용되고 있다. 약사이자 천문학자였던 노스트라다무스는 제2차 세계대전, 9·11테러 그

불행 바이러스를 퍼뜨리는 사람

☞ 무슨 일이든 트집을 잡는 사람
☞ 불길한 예언을 즐겨 하는 사람
☞ 부정적인 면만 강조하는 비관론자
☞ 습관적으로 회의론을 퍼뜨리는 사람

 **{ 첫인상 }**
배려심이 있고, 아는 것이 많고,
철두철미해 보인다.

리고 유로화 도입을 이미 500년 전에 예언했다고 한다.

미래를 내다보는 예지력을 지닌 이들은 정말 특별한 사람들임에 틀림없다.

하지만 레나테는 전혀 반짝거리는 존재가 아니다. 오히려 그 반대다. 그녀는 무채색 옷을 즐겨 입고, 머리 염색과 화장을 하지 않으며, 본인이 대화를 시작하는 경우가 거의 없다. 그녀는 늘 눈에 띄지 않게 옆에 앉아서 코멘트를 날린다. 그러면서 분위기에 찬물을 끼얹는다. 회사에서 그녀는 여러 가지 별명으로 통한다. 초 치는 사람, 흥을 깨는 사람, 불행을 예언하는 자…….

언제 어디서나 나쁜 점만 발견하고 끔찍한 재앙을 예견하는 사람들이 있다. 이들은 그런 일들이 실제로 일어날 거라고 확신한다.

물론 '최악의 경우'를 염두에 두면 뜻밖에 긍정적인 결과를 얻을 수도 있다. 하지만 이들이 말하는 불길한 예언은 자기 자신의 운명과 운명의 부정적인 흐름에만 국한된 것이 아니라, 다른 사람들에게까지 바이러스가 퍼져나가듯 확대된다. 그런데 이것은 상당히 뻔뻔한 행동이다. 그냥 가만히 휴가를 기대하고 있으면 안 되는 걸까? 나쁜 일이 언제 일어날지 모른다며 미리부터 머리를 싸매고 고민해야 할까? 그리고 가장 중대한 질문은 바로 이것이다. 그런 모든 위협들을 간과한다면 나는 너무 의심이 없고 비이성적인 사람이 되는 걸까?

이런 초비관론자들은 대부분 정보에 빠삭하고 우리가 의식조차 하지 못했을 이 세상의 예측할 수 없는 온갖 위험에 대해 잘 알고 있다. 그러면서 이런 지식들을 우리에게 무조건 강요한다. 나중에 누군가 경고하지 않았다고 원망이라도 할까 봐.

레나테 같은 사람들은 인생을 결코 만만하게 봐서는 안 된다고 생각한다. 모든 것이 순조롭게 잘 풀린다고 생각할 때 큰코다칠 수 있다는 것이다. 그들은 마치 모든 좋은 일들을 견딜 수 없는 나머지 나쁜 일들만 떠올리는 사람처럼 보인다.

"금요일에 웃고 토요일에 노래를 부르는 사람은 일요일에 틀림없이 울게 된다." "가장 좋을 때 멈춰야 한다." "밤이 되기 전에 하루를 칭찬하면 안 된다." "아침에 너무 큰소리로 지저귀는 새는 저녁에 고양이가 잡아먹는다."

이상은 이런 사람들이 자주 인용하는 속담들이다.

이들은 왜 그러는 걸까? 그냥 자기 혼자만 불길해하고 우리는 그냥 가만히 내버려두면 안 되는 걸까? 굳이 우리의 흠을 찾아내서 무엇을 얻으려는 걸까?

해결하기보다는 차라리 견디기

레나테는 모든 직원들 중에서 근무시간에 대한 불만이 가장 많고, 고객들을 가장 귀찮게 생각하고, 개점 시간을 못마땅해하고, 사장을 싫어함에도 불구하고 부서 내에서 가장 오래 근무한 사람이다. 앞으로 10년 동안 많은 직원들이 이직을 하거나 연수 또는 다른 계획이 있어서 회사를 떠난다고 해도, 레나테는 여전히 구내식당에 앉아서 불평불만을 늘어놓으며 다른 사람들의 하루를 망칠 것이다. 그녀의 끊임없는 불만은 어떤 결론도 이끌어내지 못한다. 불공정한 세상을 조금 더 공정하고 즐겁게 만드는 것이 그녀의 목표가 아니기 때문이다.

그렇다고 불행 바이러스를 퍼뜨리는 사람들이 남들이 즐거워하는 꼴을 보지 못해 그렇게 행동하는 것은 아니다. 자신의 경고를 귀담아 듣지 않아 실제로 누군가 잘못됐다고 해도 쌤통이라는 반응을 보이지 않는다. 만약 안드레아스가 실제로 직업 고등학교 교사로서 실패하고 1년 후에 다시 백화점으로 돌아온다면 레나테는 아마도 안타까워할 것이다.

사실 이들은 다른 사람들을 염두에 두는 것이 아니라 자기 자신을 염두에 둔다. 자기 자신과 자신의 존재에 대해 책임을 져야 한다는 두려움 때문에 어떤 일이든 습관적으로 의심하고 강박적인 행동 패턴을 보이는 것이다. 그러면서 더 이상 발전하려고 노력하지 않는 자기 자신을 변명하는 것이다. 이들은 기회가 주어져도 비관적인 생각에 빠져 있느라 그것을 놓치고 만다. "……해야 할 텐데, 내가 원하는 대로 할 수 있다면……, 이렇게 하는 것이 좋을 텐데……." 같은 화법을 즐겨 사용한다. 절대로 "나는 무엇을 해야 한다, 할 수 있다. 나는 원한다!" 같은 화법을 사용하지 않는다. 이런 유형의 사람들은 힘차게 출발하는 대신에 늘 한 발로 브레이크를 잡고 있다. 초를 치는 사람들이 내세우는 구호는 다음과 같다.

'해결하기보다 차라리 견디기!'

이들은 자신뿐 아니라 다른 사람들도 부정적인 생각에 동참하도록 유도한다.

"나는 어차피 떨어질 거니까 지원할 필요가 없어."

"결혼한 세 쌍 중 한 쌍이 이혼하는데 뭐하러 결혼을 해?"

"운동은 오히려 몸을 망쳐. 조깅을 하면 관절에 무리가 가고 그러면 운동을 하기 전보다 몸이 더 안 좋아질 거야."

우리가 살아가면서 내리는 모든 결정들은 이익과 리스크 사이를 저울질한 결과이다. 직업을 바꾸고 싶다는 욕구는 안정된 직업을 버려야 하는 리스크와 대립된다. 무엇이 더 비중이 큰가? 매일매일 좋아하지도 않는 일을 하고 있다는 좌절감에서 벗어날 것인가, 아니면 꼬박꼬박 일정한 월급이 나오는 든든한 삶에 안주할 것인가? 여기서 스스로에게 근본적인 물음을 던진다. 나에게 중요한 것은 무엇인가? 나는 무엇을 포기할 수 있는가? 지극히 평범한 사람들에게도 자신이 처해 있는 상황에 대해 이런 판단을 내리는 것은 상당히 복잡한 일이다.

그런데 우리가 내면의 소리에 귀를 기울이려고 할 때 아무 소리도 없이 정적만 흐른다면 어떻게 해야 할까? 더 이상 아무런 소망이 없고 희망도 없고 계획도 없으면? 내면의 목소리가 소리를 내지 않으면 반론의 목소리가 점점 더 커진다. 그러면 어떤 결정을 내려야 할지 분명해진다. 자신의 욕구에 반하는 자칭 이성적인 결정을 내리게 되는 것이다.

원칙적으로 이런 비관적 세계관을 가진 사람들에게는 지금 이 순간은 존재하지 않고, 자기 자신을 느낄 수 없으며, 만족의 순간을 알지 못해 긍정적인 경험을 인지하지 못한다. 머릿속으로 늘 미래를 생각하고 있기 때문이다. 하지만 주변에 다른 사람들을 관찰해보면 완전히 상반된 태도를 보인다. 그들은 밖으로 뛰쳐나가 인생을 즐기고 무슨 일이 일어날지 호기심을 갖는다.

"그럴 리가 없어!"

불행 바이러스를 퍼뜨리는 사람은 이렇게 생각하며 혼자 그렇게 덩그러니 서 있지 않기 위해 다른 사람들에게 이 세상의 나쁜 면에 대해 열심히 설득하고 다닌다. 이것은 나르시시즘의 방어적인 형태라고 볼 수 있다. 보통 나르시스트들은 매혹적으로 보이려고 애쓰며 과장된 방식으로 자기 자신을 높인다. 내면 깊숙이 느끼는 자신의 무가치함을 다른 쪽으로 돌리기 위해서다. 모든 나쁜 면들은 억압하고, 좋은 면만 겉으로 드러낸다. 불행 바이러스를 퍼뜨리는 사람의 경우에는 약간 다르다. 이들은 매력적으로 보이고 싶은 것이 아니라, 박학다식하고 특별한 사람이라는 평가를 받고 싶어 한다. 이들은 재앙을 예고함으로써 그들 주위에서 벌어지는 일들을 통제할 수 있다고 생각한다. 본인 스스로 기쁨과 호기심을 느낄 수 없기 때문에, 자신들의 인생관이 유일한 사실인 것으로 설명한다. 다른 사람들도 본인과 마찬가지로 두려워하고 겁먹어야 한다고 생각한다. 그래야 모든 것이 균형을 이룬다.

그 밖에 어떤 비관론자들은 히스테리 성향까지 있다. 직접 실제로 경험을 하기보다는 자신들이 마치 연극의 일부분인 듯 연출을 한다. 하지만 이들은 대부분의 나르시시스트들처럼 빛나는 영웅의 역할을 하려는 것이 아니라, 손가락질을 하며 경고하는 늙은이의 역할을 맡으려고 한다. 신들의 질투를 사서 복수를 당하지 않을까 두려워하기 때문이다. 늘 비굴하고 겸손하게 있으면 최악의 상황을 모면할 수 있다고 판단한다.

레나테는 어릴 때부터 겸손한 태도가 몸에 배어 있는 것처럼 보이지만 사실은 다른 사람들을 은밀하게 곁눈질해왔다. 자신과 달리 다른 사람들은 뭔가를 용기 있게 감행했다! 레나테의 부모는 그녀가 열두 살 때 그토록 학수고대하던 스키 여행을 못 가게 했다. 스키 여행은 너무 위험하고 돈도 많이 든다며 차라리 집에 있으면서 성적이 안 좋은 교과목을 공부하는 것이 낫다고 했다. 스키 여행을 마치고 돌아온 같은 반 친구들이 얼마나 재밌었는지 왁자지껄 떠들어대자 레나테는 견디기가 힘들었다. 그래서 그녀는 스키를 타다가 다리가 부러져서 3일 동안 낯선 병원에 입원해 있어야 했던 빌프리드를 떠올리며 되뇌었다.

'그럼 그렇지. 나도 스키 여행을 갔다면 다쳤을 것이다. 그럴 바에는 집에서 편안히 있으면서 공부하는 것이 훨씬 낫지!'

야외 수영장에서 아이스크림을 먹는 사람은 다리에 쥐가 나서 익사한다. 껌을 삼키면 위험한 맹장염에 걸린다. 양쪽 눈을 가운데로 모으는 장난을 자주 하면 그대로 사팔뜨기가 된다. 이런 무서운 얘기는 누구나 한 번쯤 들어봤을 것이다. 하지만 그럼에도 불구하고 우리는 다 한 번쯤은 정말 그런지 시도해본 경험이 있다. 하지만 레나테는 달랐다. 레나테에게는 이런 얘기들이 너무나 현실적이라 그런 예측할 수 없는 모험을 감수할 정도로 아이스크림 먹기, 껌 씹기, 또는 재밌는 표정 짓기 같은 것이 가치 있지는 않았다. 그렇기 때문에 이런 얘기들이 얼마나 허무맹랑한 거짓말인지 경험해보지 못했던 것이다.

집에서도 거의 칭찬을 듣지 못했고, 뭔가 잘못하면 부모님은 걱정스러운 표정만 잔뜩 지었다. 이런 환경에서 레나테가 어떻게 '긍정적으로 생각하기, 엉뚱한 것 시도해보기, 실수를 도전으로 받아들이기'에 대해 배울 수 있었겠는가? 레나테는 이런 것에 관한 한 아무것도 배우지 못한 것이다.

불행 바이러스를 퍼뜨리는 사람 대처법

불행 바이러스를 퍼뜨리는 사람은 우리들에게 이상한 감정을 불러일으킨다. 그들은 우리가 몹시 기대하며 기뻐했던 것을 갑자기 걱정

거리로 만들어버린다. 우리가 아무 거리낌 없이 하려고 했던 일로부터 한 걸음 물러서게 만든다. 우리는 우리 자신과 우리의 인지능력을 의심하기 시작한다.

'저 사람이 저렇게 우려를 표하는 데는 뭔가 그럴 만한 이유가 있지 않을까? 나는 왜 그런 점을 발견하지 못했을까?'

심리적으로는 다음과 같은 일이 벌어진다. 불행 바이러스를 퍼뜨리는 사람은 자신이 느끼는 불안과 미래에 대한 두려움을 다른 사람들에게 투사한다. 그는 자신의 불안과 불만을 우리에게 확대시킴으로써 그의 문제를 우리의 문제로 만들어버린다. 그러면서 우리에게 무자비하게 제동을 걸어버린다.

이것은 조금 짜증이 나는 것 이상으로 문제가 될 수 있다. 우리는 대개 자신의 삶에 대해 그렇게 굳건한 확신을 갖고 있지 않다. 그런데 이들은 우리에게 더 많은 의심의 씨를 뿌리고 있는 것이다. 그로 인해 점점 더 두려움을 갖게 된 우리는 어쩌면 부정적 강화(Negative Reinforcement, 특정 행동에 대해 바람직하지 않은 결과를 회피함으로써 바람직한 행동의 빈도를 늘리는 것-옮긴이)를 통해 위험하다고 생각되는 일을 갑자기 포기하고, 모험을 감행하여 좋은 결과를 얻을 기회도 잃게 될 수 있다.

이런 비관적인 태도가 바이러스처럼 퍼져 전염되는 것을 막을 수 있는 예방접종 같은 것은 없을까? 레나테의 동료인 안드레아스는 지금껏 직업 고등학교 교사가 되기로 한 결정이 아주 잘한 일이라고 생각했다. 그런데 구내식당에서 레나테의 얘기를 들은 후 찜찜한 기분으로 퇴근했다. 마냥 낙관적이었던 기분도 적잖게 김이 새버렸다. 학생들이 정말로 작은 괴물들이면 어떡하지? 지금까지는 교사로서 그의 열정이 젊은 학생들에게도 그대로 전달될 거라고 믿어 의심치 않았다. 그런데 이것이 너무 순진한 생각이었다면 어떻게 하지? 직장을 옮기면 돈을 조금 더 벌기는 하겠지만, 이직을 하겠다는 것은 너무 무리한 도전일까? 안드레아스는 자신도 간신히 학교를 졸업했는데 아이들을 잘 가르칠 능력이 있는 건지 의심하기 시작했다.

레나테는 자신도 의식하지 못하는 사이에 안드레아스의 약점을 건드렸다. 그 이후로 안드레아스는 새로운 직업에 대한 자신감이 현저히 떨어졌다. 이미 오래전에 실패했던 경험이 여전히 그를 억누르고 있다는 사실을 안드레아스는 지금껏 깨닫지 못하고 있었다. 레나테의 비관적인 전망을 들은 이후에야 그런 사실들을 다시 의식하게 되었다. 그는 완전히 길을 잃거나 또는 자신의 문제를 조금 더 심도 있게 들여다볼 수 있는 기회로 삼을 수 있다.

따라서 이를 반전의 기회로 삼아서 불행 바이러스를 퍼뜨리는 사람과의 만남에서 긍정적인 점을 이끌어내보자. 이들은 우리의 무의식 속에 불안과 죄책감이 도사리고 있다는 사실을 깨우쳐준다. 귀신같이 그 흠을 찾아내어 물고 늘어지고 우리는 그것을 민감하게 받아들인다. 그렇기 때문에 이들의 존재는 나의 내면을 들여다보는 기회를 제공할 수도 있는 것이다. 그렇다고 해서 이들의 의구심이 실제로 타당하다는 의미는 아니다. 불행 바이러스를 퍼뜨리는 사람들의 주장을 심각하게 받아들일 필요는 없다. 하지만 그의 주장이 우리

내면의 무언가를 건드려 불편함을 느꼈다면 이것은 아주 소중한 깨달음을 전해줄 수도 있다.

물론 우리는 비관론자들에게 무의식을 저당 잡혀서는 안 된다. 그 대신 소매를 걷어붙이고 불편한 감정의 근원을 살펴봐야 한다. 자기 자신에게 '왜 그런 말 때문에 두려워했지? 왜 그런 말을 듣고 불안해진 거지?' 하고 물어봐야 한다. 자신에 대해 의심이 드는 것 자체가 문제는 아니다. 이러한 건강한 의심 덕분에 우리는 성급한 결론을 내리지 않고 인생을 여러 측면에서 바라볼 수 있게 된다. 그러므로 불행 바이러스를 퍼뜨리는 사람은 우리에게 소중한 존재일 수도 있다. 건강한 자의식을 갖고 있는 사람이라면 아무리 부정적인 말을 들어도 조금 짜증이 날 수는 있지만 심하게 휘둘리지는 않는다.

그런데 불행 바이러스를 퍼뜨리는 사람은 자신의 행동이 다른 사람들에게 어떤 감정을 불러일으키는지 알고 있기나 한 걸까? 분위기가 안 좋다며 계속 불만을 제기하는 그들이 정작 분위기를 흐리는 주범이라는 사실을 알고는 있을까? 아마 알지 못할 것이다. 이들에게 직접적으로 그렇다는 얘기를 해줘도 이들은 자신의 행동이 다른 사람들에게 해가 된다고 생각하지는 않는다. 오히려 그 반대로 생각할 확률이 높다. 자신은 피해를 예방하려는 선의를 갖고 있다고 말이다. 이들은 누군가 자신을 비난하면 신과 이 세상에 대한 불신을 더욱더 강화할 것이다. 그럼에도 불구하고 만약 당신이 그 사람에게 얘기를 꺼내볼 용기를 낸다면 '나 전달법'을 사용해보자.

"기분 좋은 내 감정을 너한테도 전염시킬 수 있다면 정말 좋을 텐데." 또는 "나는 네가 우려하는 점이 뭔지 알겠어. 하지만 지금은 내 계획에 확신을 갖고 추진하고 싶어."

당신이 이런 얘기로 핵심을 찌르면 그가 당분간 당신을 가만히 내버려둘지도 모른다. 하지만 비관주의자가 더욱 수위를 높여야 할 필요성을 느끼게 될 수도 있다. 그럴 경우, "그런데 말이야, 만약 네가……."라고 운을 뗄 것이다.

바로 이때 얘기를 계속 들어줄지 여부는 오직 당신에게 달려 있다. 다행히도 당신은 희망차고 역동적인 미래를 내다보는 사람이기 때문에 충분히 승산이 있을 것이다.

13호선

긍정을 강요하는 사람

뭐든지 별일 아닌 것으로
치부하는 긍정 과잉

"좋은 게 좋은 거야. 그냥 넘어가."

조화, 균형, 완벽, 고상함 같은 말들은
얼마나 거부감을 불러일으키는가!
우리가 아무리 그 가치를 추구해도
작은 발로 서 있는 뚱뚱한 여자처럼 되고 만다.

— 로베르트 무질(Robert Musil)

초긍정 아버지와의
크리스마스 파티

진단은 명백했다. 왼쪽 유방에 혹이 발견되었고, 조직 검사 결과 전이가 빠른 암이라고 했다. 수술, 화학요법, 방사선 요법 등 전반적인 치료가 불가피했다. 가족들이 다 모인 크리스마스 파티에서 이런 소식을 듣게 될 줄은 아무도 예상하지 못했다. 유디트와 마르틴은 각자 배우자와 함께 매년 그렇듯 부모님 댁에서 보낼 크리스마스를 몹시 기대했다. 그런데 이런 청천벽력 같은 소식이라니! 아버지 브루노가 거위 요리를 먹으며 화기애애한 분위기에서 이 놀라운 소식을 아무렇지 않게 전했고 남매는 경직되어 상을 치우고 있는 어머니를 쳐다보았다.

"엄마가 유방암이라고요?"

유디트가 결국 입을 열었다.

"언제부터 알았어요?"

어머니는 어깨를 으쓱하며 산더미같이 쌓인 접시를 들고 식기세척기를 향해 걸어갔다.

"몇 주 정도 됐구나……."

"최고의 의료진한테 치료를 받고 있어!"

아버지가 끼어들었다.

"그렇지, 여보? 병원 직원들도 다 친절하고 우리 편의를 아주 잘

봐주고 있어."

그는 미소를 지으며 모두의 잔에 와인을 더 따라주었다.

유디트의 아이들은 거실에서 나무 블록을 가지고 놀며 부엌에서 무슨 얘기가 오가는지 듣지 못했다. 마르틴은 부엌문을 닫고 다시 말없이 망연자실한 채로 식탁에 앉았다. 아버지가 탐탁지 않은 표정으로 물었다.

"왜 문을 닫고 그래? 이제 선물을 나눠주는 게 좋지 않겠니?"

마르틴이 차분하게 입을 열었다.

"엄마의 병에 대해 조용히 이야기 좀 하려고요."

"왜? 너희 엄마 병에 대해서는 더 이상 할 얘기가 없어. 크리스마스 연휴가 끝나면 수술을 할 거고 치료는 내년 초부터 시작할 예정이고 모든 것이 아주 잘 진행되고 있어."

아버지는 동의를 구하듯 35년 이상 함께 산 아내의 얼굴을 바라보았다. 어머니와 아버지 사이에 앉은 유디트는 어머니를 향해 몸을 돌렸다.

"통증도 있으세요?"

"아니. 의사가 너희 어머니한테 아주 훌륭한 최신 약물을……."

"혹시 다른 의사도 찾아가보셨어요? 다른 전문가 의견도 들어봐야죠. 제가 다른 유방암 전문의를 알아볼까요?"

"뭐 그럴 필요까지야."

아버지는 대수롭지 않다는 듯 손을 내저었다.

"다행히 상대적으로 흔한 암이라던데. 그 정도는 여기 의사들도 임상 경험이 충분해!"

아버지는 자리에서 일어나 문을 열려고 했다.

"아버지, 잠깐만요!"

언성을 높인 유디트는 조금 전까지는 없었던 묵직한 두통을 느꼈다. 마르틴은 다른 반응을 보였다. 그가 한 번에 잔을 비운 뒤 식탁에 쾅 하고 내려놓자 어머니는 움찔했다.

"저희도 자세히 알 권리가 있잖아요!"

아버지는 온화한 미소를 지었다.

"그래, 물론이지. 우리도 너희들이 곁에 있어서 정말 든든해. 근데 걱정 안 해도 돼. 지금까지 치료 잘 받고 있다니까, 안 그래?"

유디트는 열세 살 때 갑자기 취소되었던 이탈리아 여행이 문득 떠올랐다. 출발 한 시간 전에 아버지의 고물 자동차가 주저앉아버린 것이었다. 그 바람에 장마철이었던 3주 내내 집안에 틀어박혀 있어야 했다. 친구들은 모두 휴가를 떠났고, 유디트와 마르틴은 하루 종일 집 안에서 싸워댔다. 당시 아버지는 누군가를 만날 때마다 비록 이탈리아에는 못 갔지만 가족과 더욱 친해질 기회를 얻었으니 평생 보낸 휴가 중 단연코 가장 좋은 휴가라고 말하곤 했다.

마르틴은 아버지가 즐거운 표정으로 살던 집을 팔고 더 작은 임대 주택으로 이사 간다고 발표했던 날을 여전히 기억하고 있었다. 이제 아이들도 다 커서 각자 나가 살고 있기 때문에 그렇게 하는 것이 좋겠다고 말했다. 그러면 어머니는 지금보다 청소하기가 편해지고 아버지는 앞으로 시간이 많기 때문에 집안 이곳저곳을 직접 손볼 수 있다고 말했다. 자식들은 나중이 되어서야 아버지가 회사에서 조기 퇴직을 당했고, 집을 산 대출금을 더 이상 갚지 못했기 때문에 내린 결정이었다는 것을 알게 되었다.

"무슨 일이든지 간에 긍정적으로 바라봐야 해!"

이것이 아버지의 확고부동한 신념이었다. 이런 분위기에 편승하지 않고 비참해하거나 불안해하거나 또는 우울해하면 아버지는 조롱하고 비웃었다. 아버지는 비행기 타는 것을 무서워하기 때문에 독일이 단연코 가장 아름다운 나라라고 여겼다. 경제 사정이 좋지 않아 호사를 부릴 수 없는 형편이라 아내의 요리 솜씨를 입에 침이 마르도록 칭찬했다. 그 어떤 스타 셰프도 아내의 솜씨를 따라올 수 없는데 뭐하러 터무니없이 비싼 레스토랑에 가서 돈을 낭비하겠는가?

"우리는 정말 운이 좋아, 안 그래? 우리처럼 운이 좋은 사람들은 별로 없어. 그래서 늘 감사한 마음을 갖고 살아야 해!"

유디트의 머리가 심하게 윙윙거리기 시작했고 마르틴은 잔에 연거푸 와인을 따라 마셨다. 아버지는 부엌문을 열어 이제 드디어 선물을 나눠줄 시간이라고 아이들에게 알렸다.

"이제 정말 근사한 저녁 시간을 보내보자고!"

"넌 그런 감정을 느끼면 안 돼!"

우리가 이상한 사람의 유형들을 수집할 때 긍정을 강요하는 사람도 포함시킨다고 하자 사람들이 의아하다는 반응을 보였다.

"세상을 긍정적으로 바라보는 게 뭐가 잘못된 거죠?"

물론 평화롭고 유쾌한 기분으로 살아가는 것은 잘못된 일이 아니다. 하지만 긍정을 강요하게 되면 문제가 달라진다. 긍정을 강요하는 사람은 자신들이 생각하는 '포근한 세상'에 뭔가가 어긋나는 것을 인정하지 못한다. 억지 해석을 하거나 과장해서라도 자기 식으로 끼워 맞추려고 한다. 심지어는 폭력까지 사용하기도 한다. 바로 이런 점이 그들의 가장 나쁜 점이다. 앞서 든 사례는 얼핏 보면 좋은 일인 것처럼 보인다. 아버지 브루노는 가족들에게 아내 엘케의 병을 알리고 있다. 그는 안 좋은 소식을 정확하게 전달하면서도 가족들이 맘 상하지 않게 노력한다. 그가 이러는 것은 다 가족들을 위해서이다. 누군가 쓸데없는 걱정을 하면 안 되기 때문이다. 그는 자신이 모든 책임을 떠맡고 모든 것을 잘 통제하고 있다고 알린다. 브루노 같은 사람을 가장으로 둔 가족들은 정말 행복한 줄 알아야 한다!

그런데 왜 브루노의 자녀들은 이렇게 언짢은 반응을 보이는 것일까? 왜 갑작스레 두통이 생기고 와인을 벌컥벌컥 들이켰을까?

자세히 들여다보면 브루노의 태도는 상당히 공격적인 형태의 권

긍정을 강요하는 사람

- ☞ 어물쩍 넘어가는 사람
- ☞ 별일 아닌 것으로 치부하며 무마하는 사람
- ☞ 서로 잘 어울리게 하려는 조화론자

 { 첫인상 }
낙천적이고 유쾌하고
확고부동해 보인다.

력 행사다. 긍정을 강요하는 사람들은 다른 이상한 사람의 유형과는 달리 다른 사람들을 깔아뭉개면서 올라서려 하지 않는다. 그는 다른 사람들이 각자의 감정, 특히나 자신과 다른 감정을 느끼는 것을 막으려고 한다. 어떤 상황에 처했을 때 어떤 감정을 느껴야 할지 정하는 것은 자신이어야 한다. 그리고 그 감정은 어떤 경우에도 긍정적이어야 한다. 그는 상대방과 자신을 '우리'라는 틀 안에 가두고 벗어날 기회를 주지 않는다. "내 의견은 자동적으로 너의 의견이다. 이 정도인 걸 다행으로 생각해! 나는 무엇이 옳은지 정확히 알고 있어. 그렇지 않으면 내 삶이 지금처럼 이렇게 완벽하지는 않았겠지!"라는 식으로 대화한다.

이런 식의 화법에 뭐라고 대꾸할 수 있을까? 이런 태도는 수동 공격적 커뮤니케이션(passive-aggressive communication, 직접적 대립을 피하지만 가식과 조작을 통해 무언가를 얻으려고 하는 대화법-옮긴이)의 가장 전형적인 예이다. 조금 전에 전한 비보와 어울리지 않는 긍정적이고 즐겁기까지 한 반응으로 상대방에게 공격을 가하는 것이다. 브루노는 어머니의 건강에 대한 자녀들의 걱정은 전혀 아랑곳하지 않는다. 자녀들은 그저 그의 의견에 따르기만 하면 편안하게 잘 지낼 수 있다고 여겨야 한다. 그의 아내에게도 이 같은 룰은 똑같이 적용된다. 그의 태도가 사실은 가족들을 공격하는 것이라고 말해선 안 된다. 그것이 암묵적인 법칙이기 때문이다. 따라서 가족들은 다른 방식으로 감정을 표출할 수밖에 없다. 마르틴은 계속 술만 마시고, 유디트에겐 두통이 시작되고, 아내는 입을 닫아버린다.

트라우마를 극복하는
잘못된 방법

긍정을 강요하는 사람들은 사사건건 모든 일에 책임감을 느낀다. 이들은 상당히 자기중심적인 사람들로, 다른 사람들도 각자 의식을 갖고 있고 동일한 상황에 대해 다른 시각을 갖고 있다는 것을 배우지 못한 어린아이와 비슷하다. 이들은 주변에서 일어나는 모든 일을 자기 자신과 연관 짓는다. 그러면서 다른 사람들은 엑스트라인 것처럼 대한다. 하지만 인생이란 늘 순조롭지만은 않아 브루노 같은 사람에게도 불행이 닥치는데, 이때 이들은 불행을 순전히 자신의 실패 또는 극복해야 할 과제로 여긴다.

그들은 온 세상을 자신의 어깨에 짊어지고 있다고 생각한다. 그 때문에 거대하고 견고한 갑옷을 갖춰 입고 모든 부정적인 경험들을 긍정적인 것으로 바꾸려고 노력한다. 그러면서 다른 사람에게도 그것을 강요한다. 하지만 이들의 내면 깊숙한 곳에서는 실패하거나 아팠거나 약했거나 잘못된 결정을 내렸거나 하는 온갖 부정적인 경험에 대한 두려움이 쌓인다.

보기 안 좋은 온갖 잡동사니들을 창고 안에 밀어 넣은 후 문을 굳게 닫아버리면 어떻게 되겠는가? 겉으로 보기에는 정리 정돈이 잘 되고 깔끔해 보이지만 누군가 창고 문을 열기라도 하면 큰일 아니겠는가? 이들의 영혼은 바로 그런 창고와 같다. 오랫동안 청소하지 않아 거미줄투성이인 빛 없는 창고 말이다.

온화하고 믿음직해 보이는 가장, 브루노는 자신의 내면에 유년시절의 기억을 감춰두고 있다. 그는 이모 집에 놀러 갔다가 문득 너무 집에 가고 싶어서 부모에게 전화를 걸어 자기를 데리러 오라고 했다. 하지만 그의 아버지는 끝내 오지 않았다. 아버지는 브루노를 데리러 오는 길에 고속도로에서 역주행하는 차와 충돌해 사망했다. 아무도 브루노에게 책임을 돌리지 않았고 모두들 끔찍한 우연일 뿐이었다고 말했다. 그리고 아무도 그의 죄책감을 건드리지 않았다. 그가 만약 집에 돌아가고 싶다고 수화기에 대고 그렇게 징징거리지 않았다면 어떻게 됐을까? 자신이 조금 더 씩씩하고 듬직했더라면 그의 아버지는 절대로 차에 타지 않았을 것이고 여전히 살아 있을 것이다. 정말 말도 안 되는 일이었다.

그는 아마도 평생토록 그 경험에 대해 이야기하지 않았을 것이다. 트라우마를 극복하기 위해 심리 치료를 받아본 적도 없을 것이다. 오히려 그 경험을 잊어버리기 위해 가능한 한 많은 책임을 떠맡으며 어른으로 성장했을 가능성이 높다. 이렇게 자라난 그는 일을 벌리기 좋아하고 바쁘게 살려고 하며 어떤 식으로든 자신이 일에 대한 통제권을 행사하려고 한다. 그가 이렇게 된 데에는 심리적 요인이 크다. 슬픔과 무력감으로 범람하는 감정들이 마치 거대한 파도가 되어 자신을 덮칠까 두려워 모든 에너지를 모아 '감정의 댐'을 만들기 때문이다. 이것이 트라우마를 극복하는 자신만의 독특한 방법이다.

그래서 브루노처럼 긍정을 강요하는 사람은 가정, 직장, 동아리

등 여러 모임에서 전제군주, 즉 독재자가 되고 만다. 단지 겉으로만 포악해 보이지 않을 뿐이다. 어쨌든 이들은 범죄자는 아니다. 물질적인 부를 추구하지도 않고, 가까운 사람들을 속이려고 하지도 않는다. 이들 중에는 사회복지 분야의 직업을 선택하는 사람이 많으며, 좀 더 살기 좋은 세상을 만드는 프로젝트에 참여하는 사람도 많다. 주변 사람들은 이들의 카리스마에서 나오는 추진력과 열정에 감탄하곤 한다. 이들은 어떤 종류의 모임에서든 정신적 지주나 기둥 같은 존재로 통한다. 하지만 이 모든 장점에도 불구하고 그들은 전제군주다. 이들에게 대항해서 혁명을 일으키는 것은 정말 힘든 일이다.

긍정을 강요하는 사람 대처법

인간의 감정은 대체 어떤 역할을 하는 걸까? 우선 긍정적인 감정들을 보자. 갓 사랑에 빠졌다거나, 합격을 했다거나 승진을 했을 때, 우리는 마음껏 기쁨을 만끽하곤 한다. 하지만 절망적인 연애 사건에 휘말렸다거나 뭔가 두려운 사건, 어두운 사건을 겪었을 때, 우리는 가능하면 그 나쁜 감정들에 대한 스위치를 꺼버리고 싶을 것이다. 그렇다면 긍정적인 감정을 이끌어내고 부정적인 감정들을 차단시키는 브루노가 정말 잘하고 있는 것은 아닐까? 정답은 그렇지 않다. 그는 현재 뇌에서 일어나는 자연스러운 과정을 억압하기 때문이다. 긍정적인 감정 못지않게 부정적인 감정은 인간의 진화 과정에서 유용한 것으로 증명되었다. 그것이 아무리 불편하다 할지라도 의미가 있는 것이다.

우리에게 감정이 없다면 생존 능력 또한 없을 것이다. 감정은 우리가 결정을 내리고, 장기적으로 내다보고, 철저한 계획을 세우는 것을 가능하게 하기 때문이다. 인간이 단순한 본능을 뛰어넘는 행위 능력을 발휘할 수 있는 것은 감정이라는 평가 시스템이 있기 때문이다. 우리는 어떤 상황을 재빨리 포착하고 다가갈지 또는 도망칠지, 그것을 결정하고 그에 맞는 호르몬을 분출한다. 이런 점에서는 모든 포유동물이 동일하다.

하지만 우리 인간은 '인식 과정'을 통해 정보를 처리한다는 점에서 동물과 다르다. 우리는 인식을 통해 감정을 여러 항목으로 분류한다. 잔디가 바스락거릴 때마다 매번 도망치거나, 매력적으로 보이는 상대가 나타날 때마다 들이대지 않기 위해서이다.

유디트와 마르틴의 사례를 다시 살펴보자. 두 사람은 어머니가 어쩌면 죽을지도 모르는 병에 걸렸다는 사실을 알게 되었다. 남매는 원시시대부터 대가족 생활을 했던 우리 조상 때부터 형성된 통상적인 반응을 보인다. 걱정이 밀려오면서 측은함을 느끼고 ("통증도 있으세요?") 최선의 전략으로 그런 위협을 제거하려고 한다("다른 의사도 찾아가보셨어요?"). 어머니가 생명을 잃게 될까 두렵기 때문이다. 그리고 이런 감정은 어머니가 수술을 받고 방사선 치료를 받아야 하는 사실에 비춰볼 때 지극히 합당한 것이다.

하지만 이들 남매의 아버지인 브루노는 어린 시절의 경험 때문에 감정을 잘 처리하지 못한다. 그는 또다시 부정적인 감정들을 창고 안에 가둬버리고 두려움을 거세한다. 이것은 부정적인 감정에 대한 조건반사라 할 수 있다. 하지만 결과는 어떤가? 어머니의 암 선고에 대해 웃으면서 이야기하는 아버지를 바라보는 자녀들은 분노를 느낀다.

'어쩌면 저렇게 마음을 헤아리지 못할까? 어머니는 아버지에게 아무런 의미가 없는 존재일까? 그렇다면 우리도 아버지에게 어찌 되든 상관없는 사람들인가? 아버지는 시도 때도 없이 우리 가족이 얼마나 자랑스러운지 얘기해왔다. 그럼 그건 다 거짓말이란 말인가?'

아버지를 대할 때마다 속을 부글부글 끓이지 않으려면 유디트와 마르틴은 당황스러운 감정을 극복해야만 한다. 유감스럽게도 그들의 아버지가 자신의 감정이 정상이 아니라는 사실을 인정하기는 쉽지 않기 때문이다. 이는 긍정을 강요하는 사람 역시 나르시시스트적인 특징이 있기 때문이다.

그러니 당신은 긍정을 강요하는 사람들에게 설교할 생각은 하지 마라. 그저 당신 자신에게 집중하라. 최우선적으로 해야 할 일은 당신의 감정에 대해 해석할 권한을 되찾는 것이다. 당신이 어떤 상황을 어떻게 평가하는지, 기분이 좋은지 또는 비참하기 짝이 없는지 여부는 오로지 당신의 개인적인 일이고 누구도 간섭해서는 안 된다.

또 긍정을 강요하는 사람에게 지금은 절망적인 공포를 느껴야 할 때라고 설명하려고 들지 마라. 그 대신 예를 들어 이렇게 해보자.

"담당 의사를 전적으로 신뢰하시는 건 좋아요. 하지만 우리는 여전히 불안하고 어머니가 다른 의사에게도 검진을 받아보시면 저희는 정말 안심이 될 것 같아요."

하지만 당신은 결국 또 실망하고 말 것이다. 책임감이 강하고 열성적이고 모든 삶의 변화에 만반의 준비를 다하고 있다고 믿었던 그 사람. 그 사람이 사실은 자신의 고통스러운 운명을 어찌할 줄 모르는 나약한 인간이라는 것을 당신은 인정해야만 한다. 여태까지 그에 대해 당신이 믿고 있던 모든 것은 다 착각이었다. 이런 깨달음은 실망감을 안겨주고, 실망감 역시 결코 좋은 기분은 아니다. 하지만 장기적으로 본다면 이 과정은 꼭 필요하다. 긍정을 강요하는 사람의 심리를 제대로 이해하고 나면 당신은 더 이상 그 사람 앞에서 비참해지지 않아도 된다. 그와 더불어 당신 자신의 감정도 억압하지 않을 수 있다. 당신은 충분히 기분이 나쁠 권리가 있다.

14호선

나도 누군가에게는 이상한 사람?

자가 진단
- 나의 인간관계 되돌아보기

'설마, 이건 내 모습······?'

우리는 모두 우리 자신의 관점에서
타인을 바라보기 때문에
종종 타인이 옳을 수도 있다는 사실을
망각하곤 한다.

— 하인리히 칠레(Heinrich Zille)

누구나 이상한 사람이
될 수 있다

이제 당신은 이상한 사람들에 대해 상당히 많은 것을 알게 되었다. 이상한 사람을 어떻게 알아보는지, 어떻게 해야 좀 더 능숙하게 대처할 수 있는지도 알게 되었다. 말하자면 당신은 이제 재수 없는 사람들에 관한 분야에서 소위 전문가가 되었다. 이제 가슴에 손을 얹고 한번 생각해보자. 책을 읽다 당신도 분명 뜨끔한 부분이 있었을 것이다. 그렇지 않은가?

'어머나, 이건 너무나 익숙한 모습인데. 설마 나도……?'

하지만 안심하시라. 자신이 혹시 그럴지도 모른다고 생각할 수 있을 정도면 의심을 거둬들여도 된다. 기억하는가? 이상한 사람들의 가장 두드러지는 특징 중 하나는 바로 다른 사람들이 이상하다고 주장하는 것이다. 하지만 당신이 자기 자신을 한번 뒤돌아보는 것도 흥미로운 경험이 될 것이다. 우리는 누구나 어느 정도는 '이상한 사람'이 될 잠재 요인을 갖고 있기 때문이다.

그래서 마지막으로 간단한 자가 진단 자료를 제공하려고 한다. 그렇다고 해서 과학적으로 복잡한 테스트는 아니다. 이 테스트는 당신의 인간관계를 되돌아보고 잘못된 방향으로 흘러가는 부분은 없는지 알아보기 위한 것이다.

당신 주변에 다른 사람이 바로 당신의 입장에서 이 테스트에 답변을 해보는 방법도 있을 수 있다. 그렇게 하면 당신의 자아상 외에 또 다른 시각을 가질 수 있다. 당신 자신이 평가하는 당신의 모습과 주변 사람들이 평가하는 당신의 모습이 다를 수도 있지 않겠는가?

'나의 파트너는 나를 어떻게 평가하고 있을까?'

'내가 나 자신을 평가하는 것보다 더 친절한 사람이라고 평가할까?'

만약 이런 의문이 든다면 가장 가까운 사람에게 이 테스트를 한 번 돌려봐라. 모든 항목이 당신의 대답과 일치하지는 않을 것이다. 그런데 만약 당신의 대답과 상대방의 대답이 현저히 다르게 나온다면 자아상에 대해 다시 한 번 곰곰이 생각해볼 것을 권한다.

또 당신 주변에 '이상한 사람'으로 의심되는 누군가가 있다면 그를 평가하는 데 사용해볼 수도 있을 것이다.

'당신을 끊임없이 짜증 나게 하는 동료, 이웃 또는 어떤 사람은 어떤 대답을 고를까? 그는 무엇을 중요하게 생각하고 무엇을 하찮게 여길까?'

여기에 당신이 대답을 체크해도 그것이 옳은지 그른지는 아마 확인할 방법이 없을 것이다. 하지만 그렇게 함으로써 당신은 그 사람에 대해 다시 한 번 곰곰이 생각해볼 기회를 갖게 될 것이다.

이제 다음 스물네 가지 질문 중에서 당신(또는 가족이나 친구, 당신 주위의 이상한 사람)에게 해당하는 것을 골라보자. 너무 오래 생각하지 말고, 가장 먼저 즉각적으로 떠오르는 대답을 선택하기를 바란다.

자가 진단

다음 문항을 읽고 자신에게 해당되는 것이면 '그렇다', 자신에게 해당되지 않는 것이면 '아니다'에 ✔ 표시를 한다.

1 내가 한 일이 아니라 동료가 한 일인데 상사가 잘못 알고 나를 칭찬하면 그냥 가만히 있는다. 어쨌든 나도 간접적으로 그 일에 참여했고, 기회가 있었다면 나도 최소한 그 정도로 잘할 수 있었을 것이다.

☐ 그렇다 ☐ 아니다

2 나는 가끔 사람들이 나를 존경하기 때문에 나와 함께 있으면 숨을 죽이거나 위축된다는 느낌을 받을 때가 있다.

☐ 그렇다 ☐ 아니다

3 사람들에게 늘 있는 그대로의 진실만을 얘기하는 것은 좋지 않다. 특히나 그로 인해 나에 대해 완전히 잘못된 생각을 갖게 될 가능성이 있다면 더욱 그렇다.

☐ 그렇다 ☐ 아니다

4 나는 공중도덕을 해치거나 규칙에 위배되는 행동을 하는 사람을 보면 그 사람의 잘못을 반드시 지적해야만 직성이 풀린다.

☐ 그렇다 ☐ 아니다

5 나는 가끔은 기분이 좋은 사람에게 찬물을 끼얹는 것이 내심 재밌다.

☐ 그렇다   ☐ 아니다

6 내가 힘들게 번 돈에 대해 탈세를 시도하려는 것은 별 문제가 되지 않는다. 어차피 국세청은 우리에게서 어떻게든 세금을 뜯어갈 것이다.

☐ 그렇다   ☐ 아니다

7 다른 사람들이 잘못됐다는 것을 설득하는 일에 관한 한 자신 있게 할 수 있다.

☐ 그렇다   ☐ 아니다

8 나는 누군가 나에게 뭔가 설명하려고 하면 솔직히 귀 기울여 듣는 것이 힘들다. 사실 대부분의 사람들은 자기 스스로 무슨 얘기를 하고 있는지 모른다.

☐ 그렇다   ☐ 아니다

9 나는 사람들이 겉으로 드러내놓고 뭔가에 대해 아주 기뻐하면 끝이 안 좋을 거라는 불길한 예감이 든다. 그래서 다른 사람들의 들뜬 기분을 누그러트리려고 애쓴다.

☐ 그렇다   ☐ 아니다

10 내가 할 수 있고, 내가 아는 것은 대단한 것이다. 나는 다른 사람들이 나를 인정할 수 있도록 나의 능력에 대해 얘기하는 것에 대해 거리낌이 없다.

☐ 그렇다   ☐ 아니다

11 가방끈이 긴 사람들은 대부분 박사 학위를 돈을 주고 샀거나 부정행위를 해서 그렇게 된 것이다. 그런 사람들의 정체가 다 발가벗겨지면 좋겠고 마음 같아서는 내가 직접 그 일을 하고 싶다.

☐ 그렇다   ☐ 아니다

12 나는 어떤 사람의 얼굴을 보기만 해도 주먹이 불끈 쥐어질 정도로 화가 난다.

☐ 그렇다   ☐ 아니다

13 만약 아무도 모르게 조용히 누군가를 혼내줄 수 있다면 그렇게 할 수 있다. 자신을 막 대해주기를 원하는 멍청한 사람들이 분명히 있다.

☐ 그렇다   ☐ 아니다

14 주변 사람들 중에 심각한 문제를 겪고 있는 사람이 있다는 얘기를 들으면, 나는 그 사람이 나를 찾아와 울먹이며 하소연을 할까봐 두렵다.

☐ 그렇다   ☐ 아니다

15 내 주변 사람들은 내 비위를 맞추기 위해 엄청 노력한다. 그럴 때마다 내가 우위에 있다는 뿌듯한 기분을 느낀다.

☐ 그렇다   ☐ 아니다

16 나는 내가 해야 할 일을 다른 사람들에게 능숙하게 잘 떠넘긴 덕분에 많은 시간과 수고를 아낄 수 있었다.

☐ 그렇다   ☐ 아니다

17 나는 뭐든지 직접 해야 직성이 풀리고 제대로 잘 돌아가고 있다고 안심이 된다.

☐ 그렇다   ☐ 아니다

18 어떤 사람이 살아생전 아무리 나쁜 사람이었다고 해도 죽은 후에는 사랑스러운 배우자로 남겨두는 것을 나는 중요하게 생각한다.

☐ 그렇다   ☐ 아니다

19 실제로는 멍청하지만 그럴듯하게 포장되어서 매스컴에 등장하는 사람들이 종종 있다. 그런 사람들이 큰돈을 벌다니, 이건 정말 화가 나는 일이다!

☐ 그렇다   ☐ 아니다

20 나는 누군가에게 돈을 빌리면 당분간 그 사람과는 마주치고 싶지 않다. 가능하면 그 사람이 나에게 돈을 빌려줬다는 사실을 잊어버렸으면 좋겠다.

☐ 그렇다 ☐ 아니다

21 나는 어떤 사람에게 뭐가 어울리는지 그 사람 자신보다 훨씬 더 잘 알고 있다.

☐ 그렇다 ☐ 아니다

22 내 계획에 훼방을 놓거나 내 의견에 반박하는 사람이 있다면, 나는 언젠가 그 사람에게 복수할 것이다.

☐ 그렇다 ☐ 아니다

23 나의 도움을 거절하는 사람은 사실 나에게 도와달라고 말하는 것을 두려워할 뿐이다.

☐ 그렇다 ☐ 아니다

24 내가 아직 크게 성공하지 못한 것은 단지 운이 없어서다. 사실 나는 사람들이 특별한 사람으로 우러러봐야 할 운명을 안고 태어났다.

☐ 그렇다 ☐ 아니다

평가 및 결과

'그렇다'라고 대답한 문항이 몇 개인지 세어본 후 해당하는 내용을 확인해보자.

0~4개인 당신은?

오늘 몇 번이나 당신의 후광을 반짝반짝하게 닦으셨습니까? 당신의 대답에 따르면 당신은 정말 초인적인 존재다. 당신이 어쩌다가 정말 나쁜 생각을 하게 되는 날은 아마도 해가 서쪽에서 뜨는 날일 것이다. 하지만 이것은 칭찬이 아니라 경고다. 지극히 평범한 사람의 입장에서 생각해보면 곁에 도덕군자가 있다는 것은 그리 달가운 일이 아니기 때문이다. 이렇게 올바른 사람과 늘 비교당하며 살고 싶은 사람이 있을까? 우리는 그러고 싶지 않다!

하지만 솔직히 말하면 우리는 당신의 대답을 완전히 믿지는 못하겠다. 혹시 이 테스트에서 최상의 결과를 얻기 위해 어떤 대답을 해야 좋을지 고심한 후에 대답하지 않았는가? 그게 중요한 것이 아니다. 당신은 당신 자신과 다른 사람들과의 관계에 대해 알고 싶어서 이 테스트를 한 것이 아닌가? 좀 더 솔직해지는 것도 좋겠다.

5~10개인 당신은?

'그렇다'라는 대답을 생각보다 너무 자주 하게 돼서 당신은 이미 조금 찜찜한 기분이 들었을지도 모르겠다. 하지만 걱정하지 마시라.

당신은 아주 정상적인 범위에 속한다. 당신은 대체적으로 온화하고 편안하게 잘 넘어가는 사람이다. 아주 가끔 별난 성미가 있어서 다른 사람들을 짜증 나게 만들 뿐이다. 그래서 뭐 어쩌겠는가? 엄격한 초자아는 여전히 당신의 존재에 대한 통제력을 갖고 있고 당신이 너무 지나치지 않도록 해줄 것이다. 특히 '경우에 따라서'라고 대답하고 싶은 생각이 들었던 질문에 대해서는 다시 한 번 자신을 뒤돌아보는 것이 좋다. 당신은 때로 당신 자신을 너무 엄격하게 대하는 것이 아닐까? 당신은 너무 자주 당신의 어두운 면들을 인정하지 않으려 하지 않는가? 자기 의견을 주장하는 것은 절대 비난받을 일이 아니다. 그렇다고 해서 당신이 지금 엄청 이상한 사람으로 변신할 필요도 없다. 당신은 어차피 이상한 사람과는 한참 거리가 있다.

11~17개인 당신은?

이상한 사람이 될 수도 있었으나 아슬아슬하게 비켜갔다. 당신은 누가 당신을 지적하는 것을 일부러 모른 체한다. 당신은 도덕군자들을 개의치 않는다. 당신은 '만인의 연인'이 되기를 원하지 않지만 누구에게도 심각한 피해를 주고 싶어 하지도 않는다. 그리고 당신에게는 인정해주어야 할 점이 한 가지 있다. 당신은 적어도 솔직하다! 그리고 상당히 충동적이다. 어떤 엄격한 초자아도 당신의 욕망과 꿈을 실현하는 것을 막지 않는다. 당신은 규칙이 합당하다고 생각될 경우에만 그 규칙을 따른다. 그런데 만약 당신에게 얼마 있지 않은 친구들을 계속 곁에 두고 싶으면, 조금 생각을 달리해보기를 권한다. 당신은 이 세상에 혼자 살고 있는 것이 아니다. 친절함과 온화함은 당신의 영혼이나 자부심에 해가 되지 않으며 언젠가는 그만한 대접을 되돌려줄 거라고 분명히 약속할 수 있다. 당신이 세상의 중심에 서려고 하면 할수록 외로워질 것이다.

18~24개인 당신은?

끔찍하지만 사실이다. 당신은 진짜 이상한 사람이다. 만약 누군가가 이 책을 당신의 손에 꼭 쥐어줬다면 그는 당신에게 노골적으로 이 메시지를 던지고 있는 것이다. 당신이 이 테스트를 하기로 마음먹은 것 자체, 게다가 이렇게 솔직하게 대답한 것 자체가 상당히 놀랍기는 하다. 당신이 어떻게 마지막 페이지까지 꾹 참고 읽었는지도 마찬가지이다. 아, 그렇다. 당신은 이 책을 그냥 대충 훑어보다가 우연히 이 테스트부터 하게 됐을지도 모른다. 만약 그렇다면 당장 다시 처음으로 돌아가서 읽어보시라. 당신에게 가장 유익한 시간이 될 것이다.

감사의 글

공동 저자가 함께 감사 인사를 전합니다.
- 우리에게 개인적으로 겪은 이상한 사람에 대한 경험을 들려주어 12가지 유형을 생생하게 소개할 수 있도록 도와주신 모든 분들에게 감사드립니다.
- 원고를 검토해주신 분들, 특히 우리에게 솔직한 조언을 아끼지 않은 사라 프리케에게 감사를 전합니다.
- 다급한 일정 속에서 무사히 사진 촬영을 해주신 사라 코스카에게 감사드립니다. 사진 촬영은 정말 재미있었습니다.
- 꼼꼼하게 작업해준 안나리자 비비안니와 마렌 베트케 편집장에게 감사 인사를 드립니다. 또한 하이네 출판사와 같이 일하게 되어 즐거웠습니다.
- 문학에이전시 카피라이트의 팀원들 바네사 구텐쿤스트, 카테리나 키르스텐 그리고 게오르그 지만더에게 감사드립니다. 모호한

아이디어에서 완성된 원고로 탄생하기까지 많은 용기를 북돋아 주시고 도움을 주셨습니다.
- 지금까지 당신이 만난 모든 이상한 사람들에게 감사드립니다. 그들 덕분에 이런 주제에 대해 생각해볼 수 있었습니다.
- 특히, 우리가 개인적으로 알지는 못하는 K에게 감사를 전합니다. 그분은 잘 알지 못하시겠지만 우리에게 이 책을 쓸 아이디어를 제공해주셨습니다.

산드라 뤼프케스가 감사 인사를 전합니다.
- 함께 작업한 모니카 비트블룸에게 감사드립니다. 스트레스가 많은 직업인 추리소설 작가인(그것도 악명 높은 잘난척쟁이인) 나와 공동 집필을 하기로 마음먹어주다니, 감사하기 그지없습니다.
- 남편이자 가장 아끼는 동료인 위르겐 케러에게 고마움을 전합니다. 어떤 상황에서도 이상한 사람들에 관한 대화에 지치지 않고 응해주었습니다.
- 최근 몇 달 동안 지극히 평범한 문제 상황도 심각한 심리학적 문제로 만들어버린 엄마를 잘 참고 견뎌준 줄리와 리잔느에게 고맙다는 말을 전합니다.

모니카 비트블룸이 감사 인사를 전합니다.
- 훌륭한 공동 저자인 산드라 뤼프케스에게 감사드립니다. 천사와 같은 인내심으로 나를 이끌어주었으며, 아마도 종종 마음속으로

이상한 사람 유형에 '늘 뒤로 미루는 사람'을 추가해야 하는 건 아닌지 고민했을 겁니다.
- 늘 나에게 용기를 북돋아준 인생의 동반자 E. H.에게도 감사를 전합니다. 비폭력커뮤니케이션 수단에 있어서 늘 건설적인 파트너가 되어주었습니다.
- 이 일을 마무리할 수 있을지 내 자신을 의심할 때마다 진행 상황을 물어봐주고 재촉해준 친구들에게 고마움을 전합니다.
- 그리고 마지막으로 내가 본업 외에 다른 일을 할 수 있도록 허락해준, 이 책이 세상에 나오는 것을 가능하게 해준 나의 고용주에게도 특별히 감사드립니다.

참고 문헌

1. Ralf Degener, *Das Ende des Bösen–Die Naturwissenschaft entdeckt das Gute im Menschen*. München 2007.
2. Detlef Horster, *Moralentwicklung von Kindern und Jugendlichen*. Wiesbaden 2007, Berlin 2008.
3. Kent Kiehl, Morris Hofman, "The Criminal Psyopath: History, Neuroscience, Treatment, and Economics". *Jurimetrics*, Volume 51, Number 4. 2011.
4. Antonio R. Damasio, *Descartes's Irrtum–Fühlen, Denken und das menschliche Gehirn*. München 1997.
5. "Gehirn & Geist" 2011, 튀빙겐대학교 심리학 교수, Niels Birbaumer와의 인터뷰.
6. Robert D. Hare, Craig S. Neumann, "Psychopathy as a clinical and empirical construct". *Annual Review of Clinical Psychology*. 2008.
7. Andrew G. Miner, Theresa M. Glomb, Charles Hulin, "Experience sampling mood and its correlates at work". *Journal of Occupational and Organizational Psychology*, Volume 78, Issue 2. 2005.
8. Robert I. Sutton, "Der Arschlochfaktor", 위에서 인용한 곳.
9. Polizeiliche Kriminalstatistiken 2006 그리고 2011.
10. Luigi Valzelli, *Psychobiology of aggression and violence*. New York 1981.
11. *Diagnostisches und Statistisches Handbuch psychischer Störungen*. 미국 정신의학회 *"Diagnostic and statistical manual of mental disorders"* 4쇄 번역. 독일어 번역과 서문 Henning Saß. Göttingen 1998.

12 Frank Petermann, "Zur Dynamik narzisstischer Beziehungsstruktur". Gestalttherapie. Zeitschrift der Deutschen Vereinigung für Gestalttherapie Heft 1, 1988.

13 Alexander Schuller, "Wahnsinnige Liebe–Droht eine Borderline Gesellschaft?" *Hamburger Abendblatt*, 2011. 02. 18.

14 Peter Fogany in: Otto F. Kernberg, Hans-Peter Hartmann(Hg.), *Narzissmus: Grundlagen, Störungsbilder, Therapie*. Stuttgart 2006.

15 Peter Stemmer, "Moralischer Kontraktualismus". *Zeitschrift für philosophische Forschung*, Nr. 56. 2002.

16 Edward T. Hall, *The Hidden Dimension*. New York 1966.

17 Jürgen Schmieder, *Du sollst nicht lügen! Von einem, der auszog, ehrlich zu sein*. München 2010.

18 포츠머스대학교 Albert Vrij 교수.

19 Frans de Waal, *Der gute Affe. Der Ursprung von Recht und Unrecht bei Menschen und anderen Tieren*. München 2000.

20 빈대학교 행동연구학자 Friederike Lange, *Proceedings of the National Academy of Sciences of the United States of America*. Washington, D.C., 2008.

21 브레멘대학교 연구 그룹의 연구에 의거함.

22 Informationsdienst für kritsche Medienpraxis. www.idmedienpraxis.de.

23 Uwe Henrik Peters, *Lexikon der Psychiatrie, Psychotherapie und medizinischen Psychologie*, 6. Aufl. München 2011.

24 Heinz Dietrich, *Querulanten*. Stuttgart 1973.

25 Theodor W. Adorno, *Studien zum autoritären Charakter*. Frankfurt a. M. 1973.

1판 1쇄 발행 | 2014년 6월 30일
1판 24쇄 발행 | 2022년 4월 20일

지은이 | 모니카 비트블룸, 산드라 뤼프케스
옮긴이 | 서유리
발행인 | 김태웅
기획편집 | 박지호
외부기획 | 민혜진
디자인 | design PIN
마케팅 총괄 | 나재승
마케팅 | 서재욱, 김귀찬, 오승수, 조경현, 김성준
온라인 마케팅 | 김철영, 장혜선, 김지식, 최윤선, 변혜경
인터넷 관리 | 김상규
제　작 | 현대순
총　무 | 윤선미, 안서현, 지이슬
관　리 | 김훈희, 이국희, 김승훈, 최국호

발행처 | (주)동양북스
등　록 | 제2014-000055호
주　소 | 서울시 마포구 동교로22길 14 (04030)
구입 문의 | 전화 (02)337-1737 팩스 (02)334-6624
내용 문의 | 전화 (02)337-1739 이메일 dymg98@naver.com

ISBN 979-11-5703-010-1 13190

* 이 책은 저작권법에 의해 보호받는 저작물이므로 무단 전재와 무단 복제를 금합니다.
* 잘못된 책은 구입처에서 교환해드립니다.
* (주)동양북스에서는 소중한 원고, 새로운 기획을 기다리고 있습니다.
　http://www.dongyangbooks.com

이 도서의 국립중앙도서관 출판예정도서목록(CIP)은 서지정보유통지원시스템 홈페이지(http://seoji.nl.go.kr)와
국가자료공동목록시스템(http://www.nl.go.kr/kolisnet)에서 이용하실 수 있습니다.
(CIP제어번호:CIP2014017946)